极简经济学通识

商业起源

[美] 简·拉尼根 (Jane Lanigan) 等编

王星星 译

中国科学技术出版社

·北 京·

© 2022 Brown Bear Books Ltd
A Brown Bear Book
Devised and produced by Brown Bear Books Ltd, Unit G14, Regent House, 1
Thane Villas, London, N7 7PH, United Kingdom
Chinese Simplified Character rights arranged through Media Solutions Ltd Tokyo
Japan email:info@mediasolutions.jp in conjunction with Chinese Connection
Agency Beijing China
北京市版权局著作权合同登记　图字：01-2023-2017。

图书在版编目（CIP）数据

商业起源 /（美）简·拉尼根（Jane Lanigan）等
编；王星星译 . -- 北京：中国科学技术出版社，
2023.7
（极简经济学通识）
书名原文：Money, Banking, and Finance
ISBN 978-7-5236-0151-8

Ⅰ .①商… Ⅱ .①简…②王… Ⅲ .①贸易经济—通
俗读物 Ⅳ .① F7-49

中国国家版本馆 CIP 数据核字（2023）第 075937 号

策划编辑	牛岚甲　王雪娇
责任编辑	杜凡如
封面设计	创研设
版式设计	蚂蚁设计
责任校对	焦　宁
责任印制	李晓霖

出　　版	中国科学技术出版社
发　　行	中国科学技术出版社有限公司发行部
地　　址	北京市海淀区中关村南大街 16 号
邮　　编	100081
发行电话	010-62173865
传　　真	010-62173081
网　　址	http：//www.cspbooks.com.cn

开　　本	880mm×1230mm　1/32
字　　数	163 千字
印　　张	6.75
版　　次	2023 年 7 月第 1 版
印　　次	2023 年 7 月第 1 次印刷
印　　刷	河北鹏润印刷有限公司
书　　号	ISBN 978-7-5236-0151-8 / F·1143
定　　价	69.00 元

献给热爱经济学的你

目　录

货币是什么？

　　货币的历史源远流长，曾在不同的时代和文化中以多种形式出现。实际上，在货币的演进过程中，硬币和纸币都是在后期才加入货币大家庭中的。

　　今天，大多数人一般会把货币理解为硬币或者纸币。但其实，货币的经济学意义是远远超出我们一般理解的，远不止我们口袋和钱包里的钱。所以从这个基本意义上讲，货币不是一种特定的东西。由于硬币和纸币本身是货币发展史上相对较新的产物，而且有着多种不同的形式，我们要想弄清楚货币的历史以及货币存在的现代形式，首先要看货币存在的种种原因及其必须能够实现的各种职能。

硬币和纸币是当今人们最熟悉的货币。而账单则是相对较新的发展产物。

货币的职能

从经济学意义上讲，货币具有四个独立但

又相互关联的职能，分别是作为交换媒介、提供价值尺度、具备储存价值和作为延期支付的标准。任何能实现或者一定程度上满足以上功能的物件，就算它们可能不能在商店里使用，但我们也都可以把它们称为货币。

作为交换媒介

货币必须有充当交换媒介的职能。货币具备这种职能特征是因为其本身就是一种特殊的物质，而且人们也认可并愿意使用这种物质作为商品交换或买卖的媒介。因此才出现了以硬币和纸币为形式的货币记账单位，而这些货币在后来又演变成了用来进行商品和服务交换的物品。

今天，人们在购物时已经不再需要用硬币或纸币支付所有费用了。人们可以通过相互关联的借贷系统，使用如支票、移动支付或借记卡来购买商品。在这类系统的帮助下，交易过程中的资金转移与交易的时间和地点不再需要同步，而是可以分开进行。

无论是硬币还是电子存储和转移的记账单位，货币之所以能作为可接受的支付手段，都是基于买卖双方共同的信任。这使得货币可以在未来的某一天重新用于购买其他商品和服务。同时也引出了货币的一个重要功能——纵使时间推移，货币依然能够具备储存价值。

提供价值尺度

货币必须有提供价值尺度的职能，从而用来衡量商品和服务的成本，及作为债务和合同的支付成本。这一职能也使得人们能够在没有共同点的商品中找到两者间的相对价值，例如苹果和椅子，这两种商品的价值都可以通过具体金额单位来表示，因此货币有时又被称为"记账单位"，在这个时候发挥的就是货币价值尺度的职能。

按道理来说，即使是一个西红柿或是一棵草，任何物品都可以发挥出货币的价值尺度。因此货币可以作为一种理论上的"记账单位"，从而成为完全独立于任何物质形式的存在。但人类社会在历史上往往更倾向于选择像金属这类耐用的材料作为货币，例如黄金这类稀缺又具有价值的材料就深受人们的喜爱。

具备储存价值

无论是物质形式还是显示在银行账户中的数字金额，货币都为人们提供了一种有效的方式来储存他们那些不需要立即用于购买商品和服务的财富。要使货币具备这样的储存价值，货币本身就必须在物理性质上足够的耐用。这也是为什么历史上人们更偏向于选择金属作为货币的原因。

在古代，拥有大量财富的人会更倾向于将他们的闲钱用来购买土地或房产。相较于此，货币的好处就是可以立刻用于解决燃眉之急。而货币主要的缺点就是容易被盗或丢失，特别是在银行账户出现之前更是如此，因为那时候货币的主要形式就是金币和银币。

第一次世界大战结束后，德国人争相购买香烟。经历两次世界大战的摧残之后，德国经济陷入困境，香烟成为一种非官方的货币形式。

作为延期支付的标准

货币作为延期支付标准的职能还使其可以用于提供贷款和借款，使产生的债务可以在未来的特定时间内以合适的金额偿还。在这个过程中，贷方通常会收取一定费用，以允许将还款延期一段时间。这种费用称为利息，通常按贷款金额的百分比来计算。这里的百分比利率则代表的是借方一段时间内还款的成本。

在货币的整个历史中，并非所有的货币都具备这四种职能。例如，在古埃及和美索不达米亚文明中，货币被广泛用作价值尺度和延期支付标准，但当时货币的交换媒介和储存价值这两项职能却并没有被广泛应用。

货币的特征

货币除了四大职能外，还有六大特征。

可接受性

货币必须能在整个国家社会中普遍被接受，才能实现其全部的四个主要职能。可接受性原则是由法律保证和强制执行的，意思是一旦货币制度建立，国家的所有成员就都必须坚持使用该货币进行支付。但如果出现了民众对官方货币失去信心的情况，届时政府出台再多的立法也将无法阻止人们拒绝接受现有的货币。随后可能出现的情况将是，人们会要求以其他商品，或其他被大家认为价值更稳定且对日后交易更有用的货币进行付款。

这种对官方货币失去信心的情况曾发生在20世纪20年代的德国，当时的官方货币马克（Mark）出现了暴跌。后来，在20世纪40年代末，作为"二战"战败国的德国国内局面一片混乱，再次导致其官方货币变得一文不值。在这两个时期，德国的零售经济都选择将香烟作为其主要的货币形式之一。

便携性

货币在物质形态上应该是便携的，这样人们才可以很容易将其从一个地方带到另一个地方，从一个人转移给另一个人。诸如硬币、纸币以及通过借记卡和信用卡等塑料卡片激活的电子传输都能满足这一要求。

在某些情况下，甚至连硬币和纸币也可能无法被携带。在20世纪20年代德国的恶性通货膨胀期间，德国货币的价值下跌得非常快，以至于人们不得不用手推车将大量的钞票运到商店去购物。

货币最重要的特点之一，就是有从小到大各式各样的面额。

货币的种类

目前硬币和纸币都是美国的法定货币，这些货币具有价值是因为它们被政府宣布为法定货币。而同时它们也是象征性货币，因为它们所代表的价值已经超过其原材料自身的价值了。

商品货币

商品货币是指那些还可以用于其他目的的日常用品。在人类历史的大部分时间里，货币基本都是一种商品，大多数时候都是黄金或白银。为了使一种特定商品能够有效地作为货币发挥作用，一个社会必须限制该商品的非货币用途，或者花费时间、精力和金钱来增加这种商品货币的供应。

举一个商品货币的例子，黄金，许多国家都曾在历史上禁止过黄金的出口。而欧洲人探索新世界的目的，很多情况下也都是为了追求金银财宝。

可兑换货币

在金本位时代，可兑换货币就是可以在中央银行兑换成黄金价值的纸币。在现代"浮动"货币的世界中，可兑换货币指的是一种可以在国际货币市场上买卖的货币。所有主流的货币都是可以自由兑换的。

法定货币

法定货币的价值完全来自政府宣布的法令，而且没有贵金属储备作为支持。法定货币与商品货币不同的地方在于，法定货币不像黄金一类的物质，它的价值并不是来自支付其他东西的承诺，其本身并没有实际价值。

在过去，当政府取消纸币与黄金的自由兑换时，纸币就变成了法定货币，就像美国在 1862 年到 1879 年所发生的情况一样。而现在世界上大部分的货币都是法定货币，黄金在政府储备中的作用也日渐下降。

代币
代币指的是那些作为货币的价值远远超过其制造材料价值或其内在价值的货币。20 世纪以来，随着纸币的兴起以及金币和银币的没落，除了部分纪念币以外，目前世界上的大多数货币都是代币。

耐用性

至少在可预见的未来，货币的物质形态必须是要经久耐用的。这是什么意思呢？比如，西红柿不能作为基础货币，是因为它们会在短时间内腐烂。这样就使西红柿无法发挥货币最重要的一个职能——作为可靠的储存手段。而相比之下，硬币则可以保存很长时间。

价值性

西红柿不适合作为货币交换媒介的另一个原因，就是它不能满足货币自身的物质形态要具有内在价值这一要求。这样的情况在历史上往往也很常见。与黄金或白银等金属不一样的是，就算西红柿数量少到可以携带时，其本身仍不具备太多的价值。然而，这种对货币具有内在价值的要求可能要发生改变了。因为像硬币和纸币这类现代货币的物质形态，已不再由贵金属制成，起到的也只是纯粹的象征作用。这样的一种变化可以说是货币的一个相对较新的发展。

可数性

可数性是货币的一个基本要求。货币的可数性使复杂的价值概念可以通过简单易懂的数字来衡量，也使人们能够轻松地去比较不

旅行者的故事

一名雅浦岛民拿着他的一块石盘。

几个世纪以来，部分旅行者曾对其他社会中那些充当过货币的物品发表过评论。这些资料非常珍贵，因为它们记录下了那些已不再用于交易的工艺品作为货币的使用情况。

早在公元15世纪，威尼斯商人诺科洛·德·康蒂（Nocolo de' Conti）在其著作《15世纪的印度》（*India in the Fifteenth Century*）中曾详细描述了苏门答腊使用人类头骨作为货币的情况。他在书中记载到："在岛上某个叫巴塔克的部落，当地人会吃人肉，并且长期与邻近部落处于交战状态。他们把人头视作宝贵的财产，因此在当地人俘虏了敌人的时候，他们会砍下俘虏的头，吃掉肉，把头骨储存起来，然后把头骨当作货币。等到他们需要购物时，他们会根据物品价值使用对应数量的头骨来支付。因此，在部落里持有最多头骨的人也会被视为最富有的人。"

类似这样的故事已经流传了几个世纪了。在公元9世纪，一位名叫苏莱曼（Sulayman）的阿拉伯旅行者曾记载到，苏门答腊男人能够娶到和他们家中头骨数量一样多的妻子。而19世纪的旅行者同样也记载了在缅甸和婆罗洲（今加里曼丹岛）曾有使用人类头骨作为货币的情况。

羽毛货币

波利尼西亚的例子虽然不那么惊悚，但同样值得称奇，因为当地人曾使用羽毛作为货币。R.H. 科丁顿（R. H. Codrington）于19世纪到访南岸群岛，并在其《美拉尼西亚人》（The Melanesians）一书中是这么描述当地的羽毛货币"Wetapup"的："用绳子将鸟眼睛附近的小羽毛缠住，通常还会把羽毛染成深红色。这些工艺品会被用作项链或脚链，主要是用来装饰和彰显身份，但很大程度上也起到了货币的作用。"

石头货币

在加罗林群岛，旅行者和商人惊讶地发现，在其中雅浦岛上，人们曾用过一些直径超过12英尺（约3.66米）的巨大石盘来作为货币。由于人们得从400英里（约643.74千米）外的帛琉群岛（今帕劳群岛）开采和运输这些石头，早期的交易者在用这种形式的货币和当地人打交道时总是问题不断。

然而，在19世纪80年代，美国贸易商大卫·奥基夫（David O'Keefe）通过向雅浦人提供石币以换取可生产宝贵椰子油的椰干，建立起了一个贸易帝国。奥基夫先在中国买了一艘船，然后把一些雅浦岛民运到帛琉群岛去进口了数以千计的石盘。最终，他成为整个雅浦岛的债主，整座岛也到处充斥着这样的石头货币。

大米货币

另一种令人难以想象可以用作流通手段的商品就是大米。在中南半岛的一位法国探险家 E. 艾莫尼尔（E. Aymonier）就在他的笔记《安南志略》（Sur l' Annam）中记录了大米作为货币使用的情况，他把这种大米称为"Padi"："那里的交易是用这种大米进行的，是该国真正的货币。大米可以拿来换取烟、鱼、布等物品。一篮子的大米就可以换一串香蕉、一杯酒、六个蛋糕或五个鸡蛋。"

同物质的价值和成本。货币还要容易拆分，这样不管是2美分还是20亿美元规模的数额，我们都可以使用相同的货币规格去支付。

稀缺性

就需求而言，货币还应该是供不应求的。但矛盾的是，货币的稀缺性也是其能够作为一种通用交换媒介并有效进行运作的关键条件。而货币能被接受并用作支付，也是因为其本身就是具有价值的或是稀缺的。举个简单的例子，诸如土壤或树叶之类的物质就不会像货币一样有效，因为这两种东西既不稀有也不难获得。

相比之下，那些需要大量精力和时间才能获得的稀缺物质，例如必须在一系列漫长而昂贵的工序中开采、提取和提纯的黄金，就具有非常高价值的同时又深受人们的喜爱，因此人们是可以接受将其用作支付手段的。

现代货币已不再用稀缺的实物材料作为象征物品了。由于传统货币的天然稀有性不可避免地限制了流通中的货币数量。政府现在已开始通过人为限制一定时间内流通的代币单位数量，并通过法律禁止伪造货币来模拟黄金货币的自然稀缺性。

如果流通中的货币大于市场需求，货币价值就会下降。这也说明了，货币虽然用作交换媒介和价值尺度，但它本身也是一种价值会有波动的商品。

不同形式的货币

世界各地不同形式的货币都满足上述标准，但可能不是全部标准。这些标准所描述的是一种特殊的货币，事实上，这种货币在人类历史上根本不常见。这种人们日常使用的货币，叫作万能货币。在交易过程中，原则上可以用它去支付任何东西。

今天的人们生活在一个以市场为导向的现代社会中，只要商品足够的物美价廉，商品的买卖是可以随时进行的。但这种情况在人类历史的大部分时间里都是不存在的，因为大多数的国家和地区都曾通过各种方式和规定对商品的交易进行了限制。例如，一些国家曾规定低种姓群体不能与高种姓群体进行商品交易；商品交易只能在一年中

像图中的这类贝壳，因为其既耐用又稀缺的特点，所以曾经一度是太平洋地区一种十分常见的货币。

的特定时间进行；某些特定物品在任何情况下都不能进行交易。在这样的社会中，往往可能出现一种能实现货币部分功能的媒介。这就是所谓的"特殊用途的货币"。

特殊用途的货币

由美洲原住民在被殖民时期生产的彩色贝壳串珠就是一种很著名的特殊用途货币。起初，早期的欧洲殖民者把这些贝壳串珠误认为是原住民用作货币用途的原始等价物。但实际上这些串珠只是一种仪式饰品，只会在一些非常特殊的情况下才会用作流通手段，比如作为部落缴纳的贡品或作为礼物给自己尊重的人的时候。

大多数欧洲探险家在世界各地（如太平洋岛屿）遇到的绝大多数诸如奇形怪状的巨石、人类的头骨、各色的布料以及成卷的鸟羽等千

"不方便的货币"

　　牛有时也会被人们当作货币来使用。这是因为它们具有货币的许多特征——便携性、耐用性、价值性和相对稀缺性。然而各种各样的原因又使得它们不适合作为一般货币。例如它们不能再拆分成更小的单位，又例如一头牛本身的价值太高，不能用来购买小额的零售商品。

　　古罗马人认为，在硬币出现之前，他们的祖先就已经把牛作为货币来用了。而且他们还发现，"钱"这个词（Pecunia）最早就是由"牛"（Pecus）衍生而来的。除了古罗马人，像包括中世纪的爱尔兰和部分非洲部落在内的其他地方也都有把牛用作货币的历史。

　　牛在大多数情况下不会像现代硬币和纸币一样被用作一般货币。虽然牛可以作为付款的酬金，但也只有在作为女方嫁妆或支付政府罚款税款等极少数的情况下才会作为特殊用途的货币使用。

　　牛还可以作为衡量价值多少的一种方式。在以畜牧业为主的社会中，要看一个人有没有钱是非常简单的，只要看他拥有多少头牛就行了。但人们显然也不能像携带纸币、硬币那样把牛带到商店去支付他们日常的购物开销。

　　那么在过去以牛为货币的社会中，人们是如何购物的呢？答案很简单——就是他们不购物。现代社会使用大量的一般货币的原因是人们会花大量时间来买卖不同的东西。但人们在过去几乎是不怎么购物的。所以那时的货币也只会用于少数专门交易，那么用牛作为货币，是完全符合当时的社会情况的。

牛在畜牧社会中有时会被视为一种特殊用途的货币。

奇百怪的"钱"，实际上都是特殊用途的货币。它们没有被用作普遍的经济交易，而是在一个特定的社会背景下成为一种支付手段。

在这幅18世纪晚期的石版画中，一位美洲原住民向他的同伴展示了一串名为"Wampum"的珠子。"Wampum"在这里代表有特殊用途的货币。

贝壳

在世界各地许多贝壳都曾被用作货币。其中最常用的就是货贝（Cowrie），这是一种长约2.54厘米，产自印度洋和太平洋的小型海螺壳。

据记载，大约在公元前13世纪，贝壳在中国就已经被用作送人的礼物了。中国最早的硬币也是铜质的贝壳仿制品（公元前5世纪至公元前3世纪）。而直到19世纪，印度仍在使用货贝来作为货币。

公元14世纪，阿拉伯商人会前往西非的马

里王国用贝壳换取奴隶。因为在那里，贝壳既被当作个人装饰品，又被用作交易手段。欧洲人也会来到这里从事贸易，并将大量印度洋上的贝壳带到西非，作为支付奴隶的费用。非洲的奴隶贸易甚至导致了印度的贝壳短缺，于是印度后来就用同样具有贝壳耐用性和稀缺性等特点的杏核取而代之了。

盐

另一种经常被用作货币的物质就是盐，从中国到古罗马和埃塞俄比亚都是如此。当时在世界范围内，盐是很难获取的，也因此很有价值。因此，人们也会用盐来作为价值标准。

从威尼斯探险家马可·波罗的游记中我们可以了解到，13世纪后期，盐在中国的四川省被当作低价值货币，而黄金则作为高价值货币。当时，80个盐块相当于1块金条。

在这种情况下，盐在中国封建王朝控制的综合货币体系中发挥了小价值货币的作用。皇帝的下属控制着盐的制造，还会在这些盐块上印上官印。

传统货币

人们经常会问："货币是什么时候发明的？"事实上，货币早在造币技术之前就已经存在了，而且它可能并不是被发明出来的，很有可能一直就在人类社会中存在。

早在古埃及和美索不达米亚，公元前3000年末，现存最早的书面记载中，个人间的交易会使用一种可识别的货币计价单位，以此表达各种商品和服务的价值。这是货币最重要的职能之一，因为人们能用货币确定交易的价值和记录账目。

吕底亚王国、克洛伊索斯、迈达斯和最早的硬币

最初，金和银的重量被用作贸易单位。随着贸易遍及整个地中海地区，相较于谷物，这些贵金属作为交易媒介的优势愈发显现出来，因为金属不会腐烂，也不受每年收成不同导致的供应量波动影响，且更容易长距离运输。而主要限制贵金属贸易的因素是其供应量有限，尽管这也是金属具有价值的前提条件。

任何地区一旦拥有金银来源，便会坐拥经济和政治权力。曾位于如今土耳其高地的吕底亚王国便是如此。其最后一位国王克洛伊索斯（公元前560年至公元前546年在位）极其富有，即使是在当时也是赫赫有名的。他的名字随着一句从当时流传至今的俗语为人们所熟知："像克洛伊索斯一样富有（as rich as Croesus）"。吕底亚王国的财富虽有一部分来自领土征服，但大部分还是来自矿山和当地的帕克托洛斯河产出的大量银金矿，这是一种天然存在的金银合金。

点石成金

传说中，迈达斯负责管理帕克托洛斯的矿产资源，而他很可能才是公元前8世纪邻国弗里吉亚的真正国王。迈达斯曾救下西勒努斯，这也让狄俄尼索斯神非常感激并答应实现他一个愿望。迈达斯许的愿是希望他所触摸到的任何东西都会变成黄金。虽然他的确偿所愿了，但不久却因此心生懊悔，因为就连他碰到的食物和水都会变成坚硬的黄金。

狄俄尼索斯神对迈达斯的遭遇感到非常同情，便告诉了他只有帕克托洛斯河可以冲刷洗净他的愿望。迈达斯也紧跟着照做了。于是从那以后，帕克托洛斯河便因流淌着砂金而闻名世界。

最早的硬币

不论你相信的是神话还是地质学，不可否认的是，帕克托洛斯河的确为那些最早能被称为硬币的物品提供了所需的原材料。吕底亚的硬币大致是椭圆形的，但与常规的圆形硬币一样，其重量与体积挂钩。有的硬币大一些，有的硬币小一些，还有一些非常小的硬币只有大硬币的1/96那么大。

事实上，吕底亚王国的硬币跟现代的货币体系十分相近的一点在于，它们的价值计算遵循一套分数值系统。除此之外，它们通常在一侧有一个或多个打孔标记，这也是将其定义为硬币的一个重要方面。大部分的硬币上面都有象征性的图案，通常是狮子、雄鹿或者公羊等动物。这些象征很可能是铸币者的个人徽章或城市的标志。

　　少数情况下，一些硬币上也会刻有某个人的名字。其中最著名的是用希腊语写着的"我是法涅斯的标记"。没有人知道法涅斯是谁，他也许是一位商人或一位官员。但可以肯定的是，只要标有他名字和牡鹿图案的硬币，重量和纯度都值得信赖。吕底亚的硬币是最早的、可以按面值而不是按重量衡量价值的金属物件。

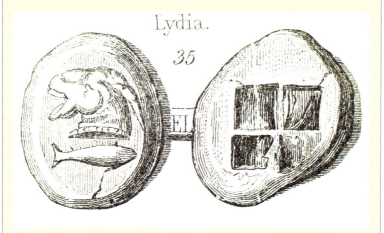

这幅版画展示了世界上已知最早的硬币——吕底亚硬币。印在硬币表面上的图案标明了其铸造地或发行者，以此来证明硬币的价值。

　　如今，人们已经很习惯用抽象的货币单位，比如美元，来衡量事物的价格了。美元在现实世界中的价值仅仅是象征性的，其本身只是廉价金属制成的硬币和纸印的钞票，并无太大价值。相比之下，古代的人们会测量实体物件的数值，将其固定值作为表示价格的首选价值标准。人们最常通过金、银、铜的重量或按照谷物的体积来衡量其他物品的价值。

　　圣经旧约中记载了发生在古代近东地区一则很著名的商业交易故事。约瑟夫被以20"谢克尔"（Shekel）白银的价格卖到埃及当奴隶。"谢克尔"是一个重量单位，由此我们可以轻易想象到购买者在天平

古希腊的铸币。左边图案是亚历山大大帝的肖像。右边图案是古雅典用来制造硬币的戳，图案印的是猫头鹰，象征着女神雅典娜。

中称出20"谢克尔"白银来达成交易的情景。

　　除此之外，买卖双方也可能拿出互相都认可等值于20"谢克尔"白银的各种物品达成交易。虽然白银等金属被广泛用作记账单位，但在当时，金属并不是唯一的支付方式。

　　让我们举一个日常例子说明这样的交易是如何进行的。据埃及约3000年前的一份史料记载，一个名叫阿蒙姆斯的警察从工人佩纳蒙那里买了一头牛。这头牛的价格是50德本铜，德本是古埃及的重量单位，1德本约相当于现在的85克。但实际上，阿蒙姆斯只支付了5德本铜，并用其他等价于铜的物品来补齐剩下的差价，包括肥猪肉（30德本）、橄榄油（5德本）和衣服（10德本）。

以物易物

　　阿蒙姆斯买牛的例子说明了人们对货币历史的另一个误解：就

是在原始社会中，以物易物比货币更早作为交换商品和服务的主要手段出现。有人提出，直接相互交换商品和服务是当时人与人之间进行贸易的唯一方式。

以物易物的根本问题显而易见。例如，一个有布的人想要一头猪，他必须去找一个完全符合其需求的人，也就是一个有猪且同时想要布的人。这一经济学问题被称为"交易需求的双向一致性"。

这么看来，我们很难想象离开了货币的社会要如何运转。不过我们设想的那种完全没有货币的经济生活情景也并不完全准确，原因有以下两点：

第一，我们在阿蒙姆斯的交易记载中可以发现，数千年来，货币计价单位的使用与以物易物的交换方式是共存且缺一不可的。如果在古埃及和美索不达米亚是这样，那么在世界上的其他地方也应如此。

第二，古代的经济生活远没有那么复杂。我们也很难想象古时候的物质条件，因为在古代，大多数人以耕作小型的村社土地为生，他们只有很少、很基本的物质需求，而且大部分需求能直接从所处环境得到满足。当时，一个大家庭生活着好几代人，有的家庭可能还会有家奴，家庭内部很可能就能生产大多数生活必需品，如住房、食物和衣服。即使这些农业家庭需要少量专业服务，例如加工金属制成工具，他们也能从当地工匠那里获得帮助。而工匠们也希望能从农民那里得到像食物这类他们最容易提供的物品。

这样一个社区实际上代表了一种完美的共生关系，农业社会的所有重要需求都能得到满足。因此，尽管当时的社会远不如今天多元化，但"交易需求的双向一致性"问题并没有那么严重，以物易物也能较好满足人们的需求，而且人们还能使用货币作为计价单位记账。

早期的中国货币

4000年前，贝壳在中国是被当作一种货币来使用的。到公元前600年，布、刀和锄头等工具也成为他们的支付手段。也是大约在这个时候，西方的吕底亚人发明了货币。中国人随后也开始制作一些比真品小得多的仿制刀、锄头和贝壳作为货币来使用。这些仿制品由青铜铸造而成，上面刻有发行城市的名字，有的还刻有重量或价值。

硬币的使用在中国传播得非常迅速，到公元前3世纪中期，一种更容易制造的新型硬币出现了。这种圆形硬币由青铜铸成，中心有一个方形的孔，耐久性很高，直到1912年都一直保留着原有的形状。

公元前221年，主持修建了万里长城的秦始皇开始了对货币的改革。他禁止了锄头、刀和贝壳作为货币的使用，并在他当朝时引入了价值统一的圆形硬币作为货币。这种硬币的方孔两侧印有两个汉字来表示其重量，约14克，以防止金属磨损导致的重量变化而改变其原有的价值。

公元621年，中国铸币迎来了又一次重大发展。当时唐朝的第一位皇帝唐高祖创造了一种新的硬币。新硬币重约2.8克，宽约3厘米。它在保留了圆形和方孔的外形特征基础上，改用了十进制计数法。

宋朝见证了中国与邻国之间自由贸易的发展，自由贸易的发展也加大了人们对货币流通的需求。然而，铜币和铁币仍一定程度阻碍了贸易：一方面，中国不同地区使用的货币不同，而且往往互不相容，有些地方甚至禁止出口铜币；另一方面，携带着大量沉甸甸的货币跨越整个国家也绝非易事。

但如果把纸币作为交易手段就能很方便地解决这些问题了。同时，盐和茶的贸易在中国也十分繁荣，商人在做买卖的路上需缴纳路费，而由此产生的收据也开始被用作货币。然而，上面提到的这些都是私人交易，我们如今所知道的纸币是官方发行的交易凭证，且不受时间限制。这样的纸币首次出现是在北宋时期。到了元朝期间，官方禁止了所有金币、银币和铜币的流通，只允许用纸币作为法定货币进行商品交易。这也让来中国游历的威尼斯旅行家马可·波罗大为吃惊。

元朝在13世纪发行的纸币，这是当时中国的唯一法定货币。

相比之下，我们如今的经济已经高度专业化，需要更多地交换以满足必要需求，所以，以物易物也就变得不那么可行了。

硬币的发明

在古代，尽管生活在农村的农民占了大部分的人口，但也存在人口众多且经济结构更为复杂的城镇。据估计，罗马的城市人口在公元前1世纪达到了100万人左右。有着这样大的人口体量，无论以什么标准衡量，罗马都算得上是大型城市了。在罗马衰落后，一直到18世纪，伦敦的城市规模才能和当时的罗马城相提并论。

古代世界拥有两个主要的城市中心，分别位于地中海东部和中国。大约在公元前650年，在这两个地理位置相距甚远的地区，几乎同时发生了货币史上的重要事件，那就是硬币的发明。中国在周朝时期出现了铜币。与此同时，在小亚细亚半岛西部，吕底亚王国开始制造小硬币。古希腊银币就是从这些原始货币发展而来的。早期的硬币在模具中铸造而成，或将材料放在两面印有不同图案设计的雕刻模具之间"敲打"而成。通常，这些图案设计会包含制造硬币的城市统治阶级的名称或符号。例如，富有而强大的雅典城的硬币上会印有猫头鹰的图案，猫头鹰是雅典守护神——雅典娜的神鸟。

硬币被发明之后，货币便成为一种可计算的物质，以及一种理论上的计价单位。硬币的发明还为所有商品和服务引入了一种前所未有的单一支付方式，并被大众所接受。从长远来看，硬币的发明的确极大地促进了贸易的发展，但这可能不是硬币被发明的初衷。

欺诈和伪造

伪造硬币的历史与造币本身的历史一样悠久。在小亚细亚半岛西部的吕底亚，最早的硬币由纯金银打造制成，但很快就有伪造者通过镀金和镀银的方法来仿造真币。铸币时通常会选择非常复杂且难以复制的印花设计，因此铸造过程本身便成了一种重要的防伪手段。由于古今的伪造者无法把握货币真品的原始设计，所以仿制品一般都会露出破绽。

硬币剪边

使用银或金币作为货币系统的另一个巨大隐患是"剪边"，即非法从硬币的边缘削掉少量金属。虽然这些削掉的金属在重量上对于一枚硬币本身来说微不足

早期美国6美元钞票的正反面。反面的叶子图案是防伪设计先驱——本杰明·富兰克林的杰作。

道，但日积月累下来，也足以让伪造者攒足材料出售或生产伪造硬币。最终解决该问题的方法是在硬币边缘采用齿轮纹。在17世纪90年代，英国便首次在银币上采用了齿轮纹。

纸币

纸币向来都很容易被伪造，因为它不过是印刷出来的纸片。在美国革命的早期，美元被称为"大陆钞票"（Continentals）。英国人故意大量伪造美元，以使之贬值。为防止纸币伪造，本杰明·富兰克林（Benjamin Franklin）于是发明了

一项被称为"自然印刷法"（Nature Printing）的独特技术，即在纸币背面印上不可复制的叶子图案。

在1797年至1821年英国的"限制期"，受到拿破仑战争影响，纸币不仅供应非常紧张，而且还不能和黄金兑换，因而使得假币的伪造泛滥成灾。这个时期有300多人因制造假币而被绞死。但因为英格兰银行里的真币严重短缺，人们往往也不得不接受并使用假钞。

犯罪和惩罚

在1997财年，全球美元假钞价值共计136205241美元，其中75%的假钞，即101516212美元，在进入市场流通前被查获。到了1998财年，美国约有4000万美元假钞，其中有3000万美元在进入市场流通前被查获。

制造美元假钞并实施诈骗属于联邦罪，按案件性质可处以5000美元罚款或15年监禁，或二者兼施。美国特勤局（The U.S. Secret Service）曾隶属于美国财政部，专门负责侦测假币。

造币的原因

在古希腊，发明造币技术的主要动机，似乎是国家期望从贵金属资源中获利。有证据表明，相对于生产银币的银条，古希腊银币的价值被高估了。如果这是真的，那就意味着古希腊银币的含银量并没有希腊政府宣称的那么高。这也意味着国家可以在铸币过程中获得可观的利润，同时也很好地解释了为什么经济生活无须硬币也能良好运转数千年，但在硬币发明之后铸币技术会在希腊城市中迅速得到流行。

那么，如果造币本质上是出于官方原因和国家利益，而不是为了促进私人贸易，这也可以解释为什么在古时候一些国家无须造币依然繁荣发达。例如，早期罗马很早征服了意大利半岛的大部分地区，而在随后的公元前300年左右才开始制造硬币。虽然铸币对古代国家来说很有用，但也不是不可或缺的。

随着罗马帝国的扩张，金币、银币和青铜币的使用传遍了整个欧洲和北非。随着希腊统治者亚历山大大帝征服印度，这些硬币也传到了该地。硬币还通过中国传播到了东亚大部分地区。即使其他物品仍不时会被当作货币使用，硬币依然成为这些地区最主要的货币形式。从公元前650年开始，至少在欧洲，可用的货币形式基本没有变化，直到17世纪纸币问世，货币的发展才有了大的改变。

纸币

中国人在宋朝时期发明了纸币。纸币随后成为中国在13世纪独有的货币形式。马可·波罗曾对纸币的使用这样评论道："如果纸币流通时间太久，破损和磨损得越来越严重，那么它们会被带到造币厂并以3%的'手续费'换成崭新的纸币。如果一个人想要购买黄金或白银……他会带一些这样的纸币去可汗的铸币厂付款……所有可汗的军队都是用这种货币支付的。"

最初的欧洲钞票

1661年，瑞典发行了欧洲第一张纸币。它们在大宗交易中使用起来比硬币更方便，因而迅速普及。然而，它们也只有作为纸币的价值，因为它们的价值来自发行纸币的银行所储备的实际黄金和白银。

这种纸币被称为信托货币。信托的意思是"信用委托"，信托货币是否被大众接受取决于社会对银行承诺的信任程度，也就是说，在必要的时候，人们可以拿着票据在银行兑现与票据价值相同的黄金。银行知道所有持有票据的人不可能同时要求银行兑现黄金，因此银行能够印出比储备黄金多得多的纸币，同时仍然可以履行兑现黄金的承诺。

金银的诱惑

一旦金银成为制造货币的主要原料并用于贸易以及商品和服务的支付手段，就意味着任何人一旦发现并占有贵金属矿，就能立即获得财富和权力。在15世纪的欧洲，这类人便是地方统治者。在蒂罗尔州的施瓦茨，开采出矿山可以说是奥地利现代史上的一件大事了，也正是这座矿为西格斯蒙德公爵带来了"富人"的外号，即便他的父亲曾被人唤作"穷光蛋"。1512年，位于现在捷克共和国波西米亚的圣约阿希姆斯塔尔，当地的矿产量甚至超过了欧洲其他地区的总和。

黄金和白银

新发现的银矿让人们足以生产面值相当于金币的大型银币。随着葡萄牙人从西非运来黄金，殖民者将从美洲文明掠夺来的第一批黄金运往西班牙，新的高价值金币也因此加入了欧洲的经济。

16世纪40年代，欧洲银矿的产量开始下降。但在玻利维亚的波托西，世界上最大的银矿进入了世人的视野。到1600年，所谓的"银山"（Silver Mountain）吸引来了15万工人前往，随后大量开采出来的白银则涌进了欧洲乃至世界。在此之后，西班牙人将成吨的铸锭通过海路运往菲律宾，以换取来自中国和东南亚的货物。直到18世纪，这些来自美洲的白银还一直发挥着重要作用。

1849年淘金者（The "Forty-Niners"）

"淘金热"一词通常指19世纪美国矿产的发现。第一波淘金热始于1848年在美国加利福尼亚州的萨特磨坊发现的黄金。到1849年，8万名"淘金者"疯狂地涌入美国西海岸，为的是寻找一夜暴富的机会。矿工们的生活非常艰苦，其中只有极少数人能靠挖金子发家致富。相反，酒吧老板、店主、铁锹制造商倒是能凭借为矿工服务而大赚一笔。然而，美国西部人口的迅猛增长和人们对该地区的兴趣大增也助使加州形成了如今的特色。

19世纪50年代，澳大利亚发现了黄金。到了19世纪80年代，非洲南部和美国阿拉斯加地区出现了新一波淘金热。1886年，在加拿大育空地区，淘金热也相继出现。

1859年，勘探者在加利福尼亚州调查金矿的开采作业。

货币替代物

在过去，社会将硬币高度货币化导致的一个主要问题就是，作为流通货币的硬币会面临短缺的威胁。在政治经济动荡时期，货币短缺时有发生，因为人们更愿意囤积硬币而不是花钱消费或借贷。这就意味着市场上流通的硬币减少，因此市场上流通的钱也更少了。

货币短缺会导致信贷崩溃和无钱可借的情况，过于紧张的人们无论如何都不敢往外借钱，市场枯竭、物价暴跌便随之而来。债务也因此越来越成为问题，因为债权人希望尽快把钱收回，以便存钱以防万一，而不是去做一些冒险投资。

在这种情况下，借款人的处境就会变得岌岌可危，因为他们可能没法立即偿还自己的债务。因此，人们需要一种货币替代品让债权人放心。例如，土地的价值通常是固定的，但如果发生经济危机，土地等固定资产就很难以合理的价格快速出售。

如果债权人需要钱，土地却不是个够格的替代物。这是因为土地的流

信用卡让许多国家的家庭购物变得便捷。然而，信用卡只是延迟价值交易的一种方式，交易最终还是会回归到货币的转手交换本身。

动性远低于货币。流动性是指资产转化为货币的能力。从定义上来说，没有什么东西是比货币更具有流动性的，因此债权人也不会愿意接受别的东西来代替货币。

信用卡是现代货币替代物的首选代表，其本身是一种暂时延期付款的方式。信用卡和信用卡签名单据本身都不是货币，而是一种即时货币支付的替代物，这种支付要求在交易后的短时间内以现金或银行账户上的金额形式支付。

电子货币和储值卡

信用卡并不是货币，但人们凭借信用卡有权在交易后延期付款。储值卡或

者说"电子卡"现在越来越普遍。储值卡是带有嵌入式微芯片的塑料卡，以电子货币形式进行交易。通过使用电子支付系统，持有者可以使用储值卡直接在商店向卖家付款，而无须在别的地方找银行取钱或转账。自20世纪80年代以来，储值卡的使用范围开始并不是十分广泛，但现在已经变得越来越普遍。

新一代电子卡带来了以下这些显而易见的问题：如何追踪电子货币？电子卡的授权机构和供应商如何确保电子货币不会被轻易伪造？纸币有序列号，银行账户会留下审计线索，使政府能够跟踪账户中的资金。但是电子卡上的电子货币很难被定位追踪，而且互联网提供的商务贸易可能不受国界限制，这也使得问题愈发复杂。传统银行仍然很有必要继续参与电子商务。正如对信用卡和支票进行验证和授权一样，银行的计算机也需继续对电子支付进行验证和授权。这被称为在线电子货币，因为银行会在交易的那一刻在线授权付款。银行还会跟踪使用借记卡支付的款项，随后购买金额就会自动从账户余额中扣除。

数字货币

数字货币也称为数字现金，在交易过程中不涉及银行干预。它是现金、硬币或纸币的真正电子等价物，并且在经济中流通的方式与实体货币一样，不涉及买卖双方的姓名。那么，如何维护和验证特定电子货币的真实性呢？一种方法是，由嵌入卡中的芯片建立一个包含它所有花费的电子货币的数据库，从而防止货币伪造或双重支出。

互联网企业的客户传统上都是用信用卡来支付他们的购物。然而，电子货币的出现为网上交易带来了新的方式。

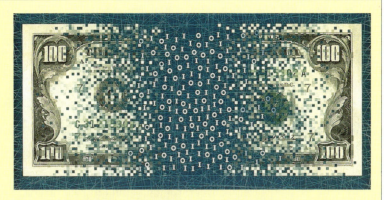

这张照片为货币从传统现金形式转变为数字货币的生动比喻。

另一种方法是,在电子货币系统中建立电子审计跟踪功能,让银行得以最终验证特定电子货币的交易记录。有一部分系统,被称为匿名互联网数字货币,只有在资金被滥用时才会披露其资金周转记录。而其他系统,我们则称为可识别的数字货币,能让银行有权限查到涉及电子货币的所有交易记录。

数字货币越发普遍的应用能给银行带来不少好处。因为这使得人们不再需要处理笨重的硬币和纸币,不再需要铸造硬币,也不再需要纳税申报表。因为在记录无误的电子货币世界里,私人金融交易是绝对透明的,这对于政府的各个部门(例如美国国税局 IRS)而言都是个好消息。因为数字货币的出现将使得金融交易全部变得有章可循。

买家俱乐部

买家俱乐部或 LETS(本地交换和交易计划)是一种本地互惠信用合作社,合作社内有能让所有成员获利的目标,而各成员将他们的技能和时间作为一种支付方式为这些目标做贡献。在合作社中,借方和贷方以一种被称为社区现金的特有面额来描述他们的贡献。社区现金的面额通常以时间来衡量,在美国一些合作社中会称其为"时间美元"。

比如在保姆合作社中,所有父母都会获得相同数量的"婴儿币",他们可以用这些"婴儿币"来换取该合作社中其他成员的保姆服务。在更大的合作社中,如果一个年轻母亲需要2小时托儿服务,那么她可以在 LETS 合作社中找到另一位提供这项服务的成员。如果这名母亲使用了2小时托儿服务,那她将欠下2小时时间的债务,她可以通过花2小时照顾合作社中另一个成员的年迈母亲来偿还这份债务。

在早期，银行常常过于青睐这一在他们掌控下的新货币工具。由于信托货币生产简单，银行经常大量印刷钞票。而货币相对于需求而言必须保持稀缺性，银行大量印钞的行为违反了这个经济规律，于是导致当时的信托货币变得毫无价值。18世纪后期，美国独立战争和法国大革命等重大事件的资金来源是大量印刷的纸币，但这也使得纸币很快大幅贬值。

1798年至1815年，英国正与法国的拿破仑交战，为防止其黄金储备受到危害，当时的英国暂时禁止了货币的"可兑换性"。这意味着人们无法拿着一英镑纸币在英格兰银行去兑换一英镑黄金。这个政策的风险在于，政府在保护其黄金储备的同时超发英镑，从而使英镑贬值。

1929年美国股市大崩盘期间，交易员涌向纽约市的华尔街。股市大崩盘随之带来的是美国经济大萧条，最终使得美国放弃了金本位。

美元"绿钞"和"黄钞"

在美国内战时期，战争的巨额开支迫使美国禁止兑换纸币，因为政府没有黄金储备，所以政府发行了大量的美钞。这些被政府新发行的钞票被称为"绿色钞票"，以区别于可兑换黄金的"黄色钞票"，但这仍不可避免地导致了美元的贬值。到1865年，1美元钞票就只值49美分的黄金了。

直到1879年，美元的可兑换性才完全恢复，是否沿袭绿色美钞的既定面值成了当时最热门的政治问题之一。一个叫美钞党（Greenback Labor Party）的政党曾经在1878年国会选举中获得了超过100万张选票，其成立目的就是要向美国政府施压，发行更多绿色美钞。

美元钞票

钞票是一个国家强大的象征。对于刚刚独立的国家而言，发行货币是国家主权地位的有力证明。钞票的一大特点是其复杂的设计，这主要是为了防止钞票被轻易非法伪造。同时，这些设计常常带有许多历史象征符号。然而，随着时间流逝，普通人已经难以理解这些符号了。

美元钞票上便存在这种情况。1美元钞票上有三句拉丁文，它们也是美国国徽和国玺的一部分。第一句，"EPLURIBUS UNUM"，意思是"合众为一"，指代共同组成美国的各个州。第二句，"NOVUS ORDO SAECLORUM"，意思是"时代新秩序"，即庆祝美国建国开启了世界历史的新时代。第三句拉丁文"ANNUIT COEPTIS"写在金字塔图案的上方，顶部有一只眼睛，意思是"他领导我们的事业"。金字塔代表着力量和忍耐，未建成的金字塔象征着奋发向上和追求完美。底部是罗马数字的日期"DMCCLXXVI"（1776）。钞票背面的中间则写着美国国训"我们信仰上帝（In God We Trust）"，象征着美国与上帝的紧密联系。自1957年以来，这句国训便出现在所有美国货币上。

钞票右侧环内印着美国白头海雕，带着画有星条旗的美国盾牌。鹰爪分别握着箭和橄榄枝，象征着战争与和平。望向橄榄枝的鹰头，则表示了对和平的渴望。钞票的正面印着的是美国第一任总统乔治·华盛顿。

美国货币是由1913年成立的美国联邦储备系统（简称美联储）所发行的，因此钞票正面也印有"联邦储备兑换券"（Federal Reserve Note）的字样。联邦储备委员会负责监督地区联邦储备银行的活动。而印钞局则负责制作钞票并将其运送到美联储的银行。

事实和数据

钞票正面印有"这张钞票是法定货币"（This note is Legal tender）的字样。将钞票用于法定支付意味着一个人在使用美元时已做出有效且合法的债务支付要约。但是，实际上没有任何联邦法规要求私营企业必须接受美元来支付其服务。

美国印了多少钞票？

1997年美元钞票发行数目：46.5亿张1美元钞票；8.96亿张5美元钞票；9.98亿张10美元钞票；18.8亿张20美元钞票；4.06亿张50美元的钞票；6.49亿张100美元钞票。根据国民经济需求，钞票发行数量每年都会上下浮动调整。美联储的工作就是发行准确数量的美元。截至1996年7月31日，在全球流通的价值为405498621203的美元中，246890577200美元（超过一半）为100面额的美元。

印钞局平均每天印钞约2250万张，面值约为5.41亿美元。其中95%的钞票都用于替换流通中的钞票；48%的新币是1美元纸币。在2000—2001财年，美联储下令印制90亿张共价值670亿美元的纸币，而1999年美国流通的货币约为1700亿美元。

钞票能用多久？

钞票本身是无法一直使用下去的，钞票的寿命取决于其面额。面额小的钞票比大钞流通更快，因此磨损得也更快。1美元钞票的平均寿命约为18个月，而20美元钞票的平均寿命约为4年，一张100美元的钞票则可以使用9年。

钞票是什么做成的？

钞票由25%的亚麻和75%的棉制成。各种长度、各种颜色的合成纤维会均匀分布在整张纸上。在第一次世界大战之前，这些纤维则是由丝绸制成的。

金本位制

在西方大部分传统货币的历史中，贵金属支撑着货币的价值。最初的货币本身就是商品，在18世纪、19世纪纸币兴起后，它们又成为货币的保价品。

人们普遍认为，黄金或白银是货币体系唯一可靠的支柱。各种货币背后都有相关国家中央黄金储备的支持。但是如何确定货币之间的相对价值呢？黄金因此再次成为货币价值的最终衡量标准。正如货币被用来衡量不同商品的价值，黄金也会被用来衡量不同地方货币的价值。

虽然今天的硬币由廉价金属制成，但硬币的价值依旧来自传统黄金储备。

在19世纪40年代和19世纪50年代，美国加利福尼亚州和南非发现了新的黄金来源，极大地促进了经典的金本位制的确立，并在1870年至1930年之间占据了主导地位。金本位制的核心内涵就是：世界上只有一种货币，那就是黄金，所有货币都要给黄金纳税。

金本位制的盛行

金本位制将1美元定义为23.22粒纯金，将

1英镑定义为113.00粒纯金。这意味着按官方汇率计算，1英镑等于4.8665美元。汇率会有波动，但波动幅度取决于将黄金从一个地方转移到另一个地方时的成本。

例如，如果英镑兑美元的汇率升得太高（远远高于1：4.8665的官方汇率），那么对于能在伦敦兑换黄金的美国企业来说，它们就能先在美国通过官方汇率以很便宜的价格购买到黄金，然后将黄金运到伦敦，再在伦敦用黄金购买英镑。这样，英镑兑美元的价值就将下跌，从而调整其被高估的价格，最终使汇率重新回到官方水平。如果美元兑英镑升值，同样的过程就会反过来，即伦敦的黄金将被运往美国。

因此，从理论上来说，金本位制建立并维持了全球货币汇率的上限和下限，也就是所谓的"金点"（Gold Points），并保证了国际货币的稳定。

金本位制还旨在维持每个国家的物价水平。如果一个国家的物价相对于其他国家来说上涨过快，那么该国国内商品的购买成本就会升高。由于外国进口商品比国产商品便宜，国产商品在国内外的销售就会变得更加困难。这也意味着外币对本国货币的价值上升，因为国内的人们是通过购买外币来支付所有进口商品的。而对外币需求的增加也会导致其价值上升。一旦这个价格超出金点，那么人们将黄金运出国外进行支付就比在国内购买外币要便宜。这便会导致国内经济中的货币数量减少，进而导致国内价格水平下降（用于支付商品的货币减少，购买需求减少，商家降价以增加购买需求，等等）。较低的价格又意味着国内商品在世界市场上再次变得具有竞争力。因为国产商品足够便宜，就会在促进国家出口的同时阻碍进口。最终实现外币价格下跌，然后黄金开始回流。

建立货币体系

在20世纪90年代，东欧新独立出很多国家。这些新兴国家都面临着一个迫在眉睫的问题：如何从零开始创建一套货币体系？

用什么材料？

金属硬币和纸币显然是造币材料的首选，因为它们被大众所熟知，并且可以在控制数量的情况下大规模生产。现在，硬币是由廉价金属合金制成的，其价值几乎不是来自于它们本身含有的金属材料，而是取决于发行机构，即政府的可信度。如果政府政治不稳定，那么就会导致一系列的问题。

代币和纸币与贵金属货币不同的是，它们可以无限量发行，但这也是它们的固有问题，因为这使得该货币系统容易受通货膨胀影响，进而破坏一国的经济。所以，为防止这种风险，货币的发行需要受到例如国库或独立中央银行的严格控制。

铸造和印刷

硬币铸造和纸币印刷的安全性是至关重要的。但由于铸币行业已经变得过于专业化，而有的国家甚至都没有自己的铸币厂或安全印钞机，因此导致了他们国家的货币都需要在国外生产铸造。

这是一张波黑的钞票。对于东欧和巴尔干地区的新兴国家来说，印刷钞票是彰显其国家身份的重要方式。

例如，突尼斯和阿尔及利亚的硬币在巴黎铸造；孟加拉国的硬币在印度铸造；苏里南的硬币在荷兰铸造。同样道理，那些大规模的货币体系就会需要很多的铸币厂。例如美国在费城、丹佛和旧金山都有铸币厂。

一旦选择了货币的材料和制造方法，接下来要讨论的便是货币的设计。尽管硬币和纸币的基本形状受传统思维限制，但尺寸和设计可以自由发挥，因为不同钞票的价值是需要通过颜色、大小或图案来区分的。货币的设计也是确认国家身份的象征。著名领导人或文化英雄的形象，甚至纪念碑，都能赋予货币体系一种永久的价值感。

金本位制的终结

在金本位制占主导地位时期，黄金实体价值以及它在银行金库和硬币流通中的物理位置对世界货币体系的运转至关重要。而这一时代却在20世纪30年代被终结了。因为凭借金本位维持的经济平衡往往要以社会萧条作为代价。黄金从一个国家流出，就会导致该国货币贬值，由此可能导致出现高失业率和经济萧条。

1929年华尔街股灾引发了20世纪30年代的经济大萧条这一全球性的经济危机就揭露了金本位的弱点。1931年，全球经济衰退导致伦敦黄金的"挤兑"，这也反映了当时的人们想从银行兑换出黄金以将资金撤出英国，毕竟黄金是最安全的储蓄形式。这也导致了伦敦没有足够的黄金储备来满足兑换需求的情况，所以英格兰银行暂停了黄金兑换支付，英国就此不得不放弃了金本位制。到了1936年，所有西方货币也都彻底放弃了金本位制。

布雷顿森林体系确立后

1944年，在美国新罕布什尔州，金本位制最终被刚刚签署的一项国际协议所取代。该协议确立了布雷顿森林体系，即让美元取代黄金作为全球货币的国际价值标准，并规定了美元的可兑换性和黄金挂钩。1971年，英国和法国试图用美元兑换黄金，但美国总统理查德·尼克松单方面撤回了美元的黄金可兑换性，于是布雷顿森林体系也由此瓦解。

尼克松的决定标志着黄金作为货币价值标准的终结，并为货币和黄金的价值开辟了一条新的道路，即货币价值由市场决定。这条道路也沿用至今。货币本身现在既能作为商品买卖，又作为购买商品的材料。

银行和银行业务

人们用金钱积累财富，因此大家需要把钱安全地储存起来，以免被盗。最简单的方法就是储藏起来，比如藏在地窖或者房子里。银行也随之慢慢诞生。

要了解银行业的起源，首先要了解银行的基本定义，弄清楚银行到底是什么，以及银行能提供什么业务。简单来说，银行是一个保管机构，它负责保管存入银行的资金，并在存款人需要时为其支付该资金。

根据以上定义对银行历史进行追溯，就会发现银行的历史几乎可以追溯

旧金山市中心的银行区。这里通常也是城市中最富有的地区。

到人类历史有书面记载之前。一旦个人能够开始积累财富，他们就会开始寻找保护自身财产的方法。有证据表明，在公元前2世纪就已经出现了为个人提供财产保管的业务，而且国家也会对这类行为进行监管。古巴比伦统治者汉谟拉比编写了伟大的《汉谟拉比法典》，其中就有一条法律规定了银行家可以如何去管理他们负责的钱。

金匠

在现代社会之前的人类社会，伸张正义都是通过"即决裁判"，又称简易程序裁判，指的是一种在没有听证会或陪审团审理的情况下就做出判决的非正式法院诉讼程序，存款安全则都是基于对银行家的信任。早期银行家非常重要的一项工作，就是赢得潜在存款人的信任。因此，早期银行家都来自两个熟悉判断物品价值的职业，即银匠和金匠。直到20世纪，货币都由金条或银条（黄金或白银）组成，两个职业之间也因此一直被联系在一起。

得益于银行家的老本行，金匠和银匠早已熟悉他们收到存款时的货币材料。由于工作的性质，他们还需要有坚固的箱子或坚固的房子。早

这是公元前15世纪的埃及墓葬画。画中展示了制作碗的金匠。金匠是最早的银行家之一。

期银行家本身很富有，因此他们比一般人更能经受诱惑，这也是他们成为成功银行家的重要因素。到了17世纪，英国伦敦的银行业务也正是从金匠开始并慢慢发展起来的。

"桌旁人"

在古代世界，近东、希腊和罗马的银行业中，还有一个主营业务就是货币兑换。货币兑换是在公元前7世纪后期，发明造币后的某个时间点出现的。

古希腊各地存在的不同硬币创造了一种需求——现代航海家对此也非常熟悉——能够将一种硬币换成另一种硬币的贸易需求。为了满足这种需求，货币兑换商开始在希腊的港口搭起桌子，并通过收取兑换的佣金赚取可观的利润。

金匠银匠和货币兑换公司都不像现代银行那样有着复杂的机构。相反，他们的角色既是典当商，又是外汇代理点，而且他们由私人经营，不受国家监管。

帕西翁是雅典最著名的货币兑换商（或称"桌旁人"），他死后留下了约60塔林特（Talents）的财产——相当于1.5吨以上白银。帕西翁一开始只是身无分文的奴隶，他的职业生涯曾经历过两次破产，但最后都成功转危为安。

"桌旁人"和金匠一样，都是早期银行业务雏形的表现：因为他们拥有必要的安全设施和正直的外表。"银行"在现代希腊语中仍然有"桌子"（Trapeza）的意思。

早期的银行

银行的基本功能可以定义为接收和保障存款，但这也只是它一半的职能。早期货币历史中，从某个时刻开始，银行业发生了质的飞跃，银行和银行家已经从单纯接收存款，转变为使用这些存款为自己创造财富。银行家们一致认为，银行不会让存款在保险箱里冬眠，他们会将资金贷款给第三方，并收取利息。

寺庙

古代的近东、希腊和罗马的神庙是借贷发展的主要推动者。这些神庙在各个社会中的地位显赫，它们通过捐赠、税收和土地租赁获得巨额收入。

最初，寺庙借贷的动机可能来自经济需要，或者来自社会需求，富有的寺庙会在农民收成不好或遇到其他危机时给予他们帮助。然而，寺庙很快就发现了借贷的好处。据史料记载，在美索不达米亚，也就是现在的伊拉克，有一块刻有铭文的泥板，上面讲述了古时候贷款利率高达50％的情况。如此高的利率并不像今天的利息那样每年支付一次，而是设定了贷款总利息，然后在多少年内一并偿还。

最早的财务顾问

寺庙贷款逐渐发展成为复杂的信用和债务系统。因为寺庙本身无法管理所有的交易。于是，在许多城市中出现了一些中介人，他们和寺庙达成交易，通过代替寺庙去收债和收税来获得报酬。

这些中介就是现在经纪人或财务顾问的先驱。人们可以在中介的帮助下积累自身的财富，也能更大程度地承担贷款所带来的风险。这些中介和金匠银匠、货币兑换商以及那些古代的寺庙，都被视为银行业的先驱。

16世纪，老彼得·勃鲁盖尔的名画《驱逐商人》（*Christ Driving the Traders from the Temple*）中，描绘了圣经中耶稣将放债人赶出圣殿的故事。

女神银行

　　古希腊没有银行之类的组织，货币兑换需求只能在个人之间直接达成，而不是在机构进行兑换。然而，希腊城邦需要资金用在公共项目与邻国的战争开支。对于一些城市来说，因为城市本身并不铸币，自身也没有银币储备，这就使得国家筹集资金变得非常困难。斯巴达人认为拥有黄金和白银是"没有男子气概"的表现，而且也有悖于他们作为战斗民族的气质。因此，当他们与富裕的雅典海军作战时，根本没钱购买舰队，最后不得不向波斯人借钱。

　　雅典人这边也有问题。他们虽然拥有大量的金币银币，但却没地方拿来存放。最后他们只能将财富存放在雅典卫城中来解决这个问题。雅典卫城是一座宏伟的寺庙，当时是为了城市守护神雅典娜而建造的。实际上，雅典娜的猫头鹰标志用在了当时所有雅典硬币上。人们认为这些钱受到了女神的庇护，是安全的。因为就连小偷看到这个标志，也会担心犯下亵渎罪而不愿去偷这些钱。

　　然而每当雅典人打仗需要用钱时，他们就会直接向女神"借钱"，并虔诚许诺以后会全部偿还。这也是女神另一方面提供给人们的帮助：就是在需要的时候，雅典人会把由贵金属制成的女神雕像熔化来用。

现代银行业的起源

古代银行业的基本功能非常简单，但现代银行业却并非由此衍生而来。首先，在等级森严的古代社会中，银行设施只对少数精英阶层开放。其次，对于银行业来说，古代和现代银行业之间并没有延续性。

要追溯现代银行系统的起源，我们有必要参考一下中世纪的意大利。现代银行业起源于意大利城邦的商人，他们既有钱又有事业心，开创的贸易模式更是在中世纪的欧洲独树一帜。"银行家"的历史和头衔可以追溯到12世纪后期的热那亚和威尼斯，那时候的"银行家"就已经开始提供兑换货币、承接交易转账、接受存款等业务了。

"银行（Bank）"一词起源于意大利半岛。与古代世界一样，中世纪银行业的发展是为了满足商人兑换货币的需求。银行家，这个职业名称来源于该行业的基本工具——长凳，在意大利语

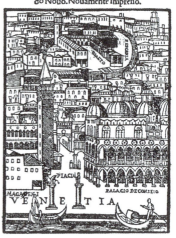

1507年的版画，威尼斯是意大利早期的金融中心之一

14世纪的手稿插图，描绘了商人在买卖布料时交换货币。

中称为"Banco"，在拉丁语中称为"Bancherius"。

北欧商品交易会

国际贸易始于13世纪北欧的贸易交易会，交易会的举行推动了全新的国际银行业务。因为来自欧洲大陆各个地区的商人会给交易会带来各式各样的货币。

由于这些商人既要在前往交易会的途中小心劫匪抢劫，又要在交易会摊位上交易各种令人眼花缭乱的别国货币。因此就需要这些商人具备长距离和跨境转移现金的能力。最终商人们对此解决的方案是，让彼此互相认可的银行家们在一起建立一个能够发行"汇票"的支付网络。汇票是指由出票人签发的，委托付款人见到票据时或者在指定日期无条件支付确定的金额给收款人或者出票人。

当买卖双方要进行交易时，买方可以通过在银行存入一定数额的钱，让银行开具出一张汇票并指示另一家银行向卖方支付等值的金额。这么一来，即使这两家银行可能相距数百公里，交易仍然可以顺利进行。汇票其实也就是现代支票的起源。

银行业的王朝

不久之后，银行家们开始了下一步合理且有逻辑的布局——在不同城市开设分行。银行由此从个体企业发展为遍布欧洲的合资企业或公司。例如，佛罗伦萨的巴尔迪家族仅在意大利就有30家分行，并逐渐扩展开设到伦敦和布鲁日，乃至西班牙甚至是非洲。圣殿骑士团，是一个由十字军骑士组成的天主教兄弟会，他们在整个欧洲都拥有房产，同时利用自己作为国际组织的独特地位，顺理成章地进军了银行业。

15世纪，佛罗伦萨的美第奇家族是富有的放债人，他们在威尼斯、那不勒斯、日内瓦和里昂等欧洲贸易中心开设了多达十个银行分支机构。这也标志了现代银行业的诞生。

1486年，犹太货币兑换商正在和顾客讨论业务。犹太教的教义并没有禁止对贷款收取利息，因此天主教会对犹太人的这种行为予以谴责。

英国金匠

英国相对于欧洲大陆的国家来说，是一个相对较小的岛国，并不太需要长途贸易。相反，传统的私人银行源于两个古老的职业：金匠和公证员，公证员又被称为是起草合同的人。

17世纪初开始，特别是在17世纪中叶英国内战期间，当时的富人为了保护自己的财产，会把钱存放到金匠那里。因为他们认为金匠安全可靠。为了方便储户取出现金，金匠开始发行"纸条（Drawn Notes）"，让储户能够用他们的账户向第三方付款，就像现在的支票一样。这些纸条被伦敦金融界视为流通货币。纸条上通常印有"保证支付"的字样，直到现在，这句话依然印在英镑上。

中央银行

公证员的作用和金匠类似。已知最早的支票是一个公证银行的账户开具的，开具信息为"伦敦，1659年2月16日"。伦敦为银行业做出了巨大贡献，并不是因为伦敦有私人银行的传统，而是因为它为中央银行的出现奠定了基础。

17世纪90年代，伦敦就像是金融投机主义的温床。在约翰·劳畏罪潜逃时，即约翰·劳建立法国通用银行前整整20年，另一个名叫威廉·帕特森的苏格兰人说服了英国财政大臣查尔斯·蒙塔古，获准创建英格兰银行。

促使英国和法国银行成立的原因很相似。就是英国国王威廉三世和法国国王路易十五都需要现金。1694年，帕特森得到政府许可，他在一家股份公司筹集了120万英镑。这笔钱随后有息借给了政府。

同时，政府债务也为银行发行货币提供了担保，担保金额是120万英镑。银行又把这些钱有息贷款给客户。因此，银行用本金赚了两层利息。此外，它还创造了现代货币，但货币的生产会受到数量限制和严格管控。

银行家的故事

由于难以拒绝王族的要求，早期银行也会出现崩溃。意大利的银行经常借钱给国王和王子。由于君主可以拒绝偿还债务，所以国王和王子可以不还钱。英格兰国王爱德华三世深谙此道，他欠钱不还，在1343年和1346年分别拖垮了意大利佩鲁齐银行和巴尔迪银行。

15世纪商业书籍中的威尼斯银行，里面有一种叫"Banco"的柜台，银行这个词也由此而来。

国家银行家

意大利私人银行刚刚站稳脚跟，意大利就开始发放国债，当时的意大利还只是多个州的联合体。对公民来说，州政府就是银行家。公民将钱借给州政府，政府与公民约定还款日期，到时候将本金与利息一起归还。公民借给国家的私人贷款汇集在一起变成大量现金，用于资助州政府的公共开支和战争开销。

高利贷和贷款

许多宗教认为放高利贷是不道德的。在《新约》的福音书中，耶稣明确禁止放高利贷。伊斯兰教也谴责这种赚钱方式。在中世纪的欧洲，天主教会教导基督徒不要放贷。但现实中人们需要贷款。犹太人在早期银行业中崭露头角，有一部分原因就是犹太教只禁止犹太人之间放高利贷。

教皇、国王和王子们曾多次试图克服这些宗教阻碍，因为他们都需要贷款来支付不断增加的战争费用。16世纪，神学对高利贷的反对稍有放松。教皇利奥十世（Pope Leo X）来自美第奇银行家族。1515年，他出版了一本小册子，这本册子赋予了天主教徒收取利息的权利。16世纪，热那亚天主教在银行业非常重要。后来天主教神学家用一种方法将贷款重新分类，使收取利息变得合理。

"富人"雅各布·富格尔

富格尔家族来自德国奥格斯堡，是16世纪欧洲金融界最具影响力的家族之一。1515年，雅各布成为富格尔家族羊毛业、采矿业和银行业的唯一继承人，他巧妙地把自己的金融服务扩展到了德国的各个州。

1519年，西班牙国王查理一世在神圣罗马帝国称帝，又名查理五世。富格尔家族便开始为国王提供银行业服务，他们的业务也因此得以扩展到德国以外的地方。富格尔家族后来成为大矿主，为整个欧洲的商人、主教和王子提供金融服务。雅各布·富格尔是一名虔诚的天主教徒和慈善家，他的大部分钱财都用于为奥格斯堡的穷人修建救济院。

银行垄断

此后100年里，尽管遭到金匠和其他人的强烈反对，英格兰银行依然继续为政府提供资金，并垄断了英国股份制银行业务。与法国通用银行不同，英格兰银行成功的秘诀之一在于它能够迅速将纸币兑换成硬通货。硬通货是相对"软通货"而言，又称硬币。它泛指金属货币，如黄金、白银及其铸币；也指国际信用较好，币值稳定、汇价坚挺的货币。第二个秘诀则是英格兰银行从不超发纸币。到18世纪末，英格兰银行几乎垄断了伦敦的纸币发行，从而保障了伦敦的货币供应。

中央银行的发展

英格兰银行从一个贸易公司发展成为中央银行之父，也说明了18世纪到19世纪的经济逐渐趋于成熟。英格兰银行是世界各地中央银行借鉴学习的榜样。

该银行垄断了企业银行业务，运作稳健，管理审慎，因此成功垄断了伦敦的钞票发行。垄断偶尔也会产生好处，避免了小商业银行因为超发货币，导致银行倒闭的灾难。在英格兰银行成为中央银行之前，它还经历了倒闭。18世纪末，英格兰银行缺乏监管。它本质上还是一家商业银行，股东只关心能不能赚钱，并不想为国家服务。

约翰·劳，通用银行和密西西比公司

一个苏格兰赌徒，一位身无分文的法国国王和美国路易斯安那州，这三者之间似乎不可能有联系。但正是这三者使银行业进入了现代时期。约翰·劳（John Law）出生于苏格兰爱丁堡。作为金匠银行家的儿子，他似乎一生都被欧洲各大繁荣的商业中心所吸引，比如伦敦、阿姆斯特丹和巴黎。他还热衷于革新和改进银行业。

早年时光

在伦敦，约翰·劳是一个非常成功的赌徒，但是赌博让他在银行业生涯中备受质疑。1694年4月，他在伦敦杀了人。被判死刑后，他越狱并开始了流亡，最终流浪到巴黎，恰逢挥霍无度的法国国王路易十四去世。

新法国国王路易十五登基时还是个婴儿，奥尔良公爵是摄政王。已故国王欠下巨额债务，约为20亿到30亿利弗尔（Livre）金币。

如果没有人帮忙，债务是不可能还清的。于是，公爵求助于约

从犯罪分子到金融奇才，约翰·劳从伦敦逃走后，不仅摆脱了谋杀的罪名，还在通用银行成立后有效控制了法国国民经济。

翰·劳。约翰·劳多年来一直建议创立一种新式银行。他发现了银行的基本原理：即银行存款可以拿去借贷，通过收取利息来创造财富。他还清楚地知道，信誉对所有银行都至关重要。他的直觉告诉他，单靠私营企业不可能永保信誉。

伟大的想法

约翰·劳想建立一个国家土地银行。原理很简单：就是约翰·劳建议成立一家国家银行来发行纸币钞票。但不像其他银行那样以贵金属储备为担保，而是以国家的土地作为担保。

1720年的新奥尔良，那一年密西西比公司在法国破产。约翰·劳想从美洲殖民地捞取的利润没有变现。

当时的法国政府认为这个想法太过激进，但还是给了约翰·劳成立一家股份制银行的特许状，该银行的票据随即成为流通货币。约翰·劳也因此发现了现代中央银行的一项基本原则：操纵流通货币的供应量可以促进经济发展。

约翰·劳的第一步走得非常成功。1717年，他发行的纸币成为纳税法定货币。1718年，这家新银行上市并成为通用银行。很快，当法国的海外贸易公司开始相互兼并时，约翰·劳立马抓住了属于他的机会。

随后约翰·劳被政府赋予了全面控制权，为了打通与路易斯安那州殖民地和北美内陆产黄金和烟草的贸易，他成立了密西西比公司并开始发售公司的股票。人们购买股票的热情高昂，为了给他们提供资金，通用银行因此不得不发行更多钞票。

据估计，当时约翰·劳在一年内使法国的货币供应量翻了一番。然而，这笔巨额货币其实很不安全。因为密西西比公司卖股票挣的钱直接装进了法国皇室的口袋，而没有用于促进路易斯安那州的发展。

尾声

破产是密西西比公司不可避免的结局。直到今天，"银行挤兑"依然是困扰着世界金融机构的难题。因为银行是通过借出他人的存款来赚钱的，他们需要慢慢地积攒信誉，还要指望存款人和借款人不会同时来要钱。但在1720年，这种情况就刚好发生在了通用银行身上。

银行挤兑

当法国投资者渐渐意识到，除了银行自己的担保，银行的纸币一文不值，很多人开始将手中的纸币换成更保值的东西，还要求银行将他们的存款兑换成硬通货或金条。

人们蜂拥而至，但银行里几乎没有值钱的东西能兑换钞票。就像我们现在说的：“口袋里装着一亿钞票的人也可能会饿死。”人们在意识到这些纸币几乎一文不值后，十分愤怒，这也迫使约翰·劳不得不再次逃亡。这次他逃到了威尼斯，最终在贫困中死去。约翰·劳虽然发现了如何让一家中央银行创造货币这个现代经济的大秘密，但他也因为货币印刷太多、太快而最终自食恶果。

蜿蜒的密西西比河穿过当今的新奥尔良。几个世纪后，密西西比河谷潜在的自然资源财富被发掘出来，证实了当时法国投机者的猜测是对的。

在稳定和管理良好的时期，缺乏监管的影响是不大的。但是在18世纪和19世纪之交战争爆发后，政府不断给银行施压，迫使银行借更多钱给政府。这也导致货币发行量增加，银行的黄金储备紧接着达到极限，最终造成了通货膨胀。

限制纸币

钱多货少导致通货膨胀是经济常识：商品的基础价格不断增长。在1844年，议会通过了《银行特许法案》（Bank Charter Act），又称"比尔条例"，规定了银行纸币发行的上限为1400万英镑，以政府债券担保。只有银行金库中的黄金或白银担保增加，货币发行量才能增加。

如果银行受到严格监管，且得到国家的大力支持，那么银行就可以承担中央银行的另外两个任务：设定银行利率和出售政府债券。设定银行利率和出售政府债券这两种机制通常被现代经济

一个保险箱装有金条，这样的硬通货是早期银行系统的基础。

今天，金条的储备对银行系统兑换存款能力来说不再那么重要。

美国第一家银行，建于18世纪90年代的费城。

学家称为"设定贴现率"和"公开市场业务"，这两种机制也是所有中央银行控制国家货币供应量的基本手段。

美国银行系统

美国银行业的发展和中央银行的出现与欧洲非常相似，但又有所不同。今天，主要有两种机构履行银行的职能：一种是商业银行；另一种是储蓄机构，比如储蓄和贷款协会、互助储蓄银行、信用合作社。这两类机构的区别在于它们的起源不同。

商业银行始于1782年北美银行的特许经营，并随着各州特许经营自己的银行而得到发展。1782年到1860年间，2500多家银行获得了特许经营权。许多都是小型银行和地方银行，以边境城镇尤甚。其他银行则在县级或州级运营。在国家扩张时期，这些私人银行容易负债，也非常容易破产。10年间，只有约40％的银行幸免于难。商业银行的激增及其内在风险表明，国家需要对银行业进行监管。1792年，为了满足联邦政府的需求，美国第一银行成立了。它的职能之一就是监管规模较小的地方银行。

第二家银行

不出所料，美国第一银行及其后继机构——美国银行，非常不受地方银行的欢迎。部分原因在于所有银行都有发行纸币的能力。仅从地方的角度看，这些地方纸币若仅在本地流通，不会造成什么问题。但是如果纸币流通到附近城镇，或者发行纸币的银行信誉很低，纸币就会以低于其面值的价格流通。

由此产生的混乱局面催生了1863年的《国家货币法》，该法案赋予国家银行联邦特许经营权。该法案的关键在于，国家银行发行统一纸币，并且联邦政府为每9美元的纸币提供10美元的存款担保。该法案导致国家（特许）银行和各州（特许）银行之间产生对立，这种对立在当前的银行体系中依然存在。实际上，该法案并没有解决美国的所有金融问题：更是没有涉及控制货币供应这一根本问题。

美联储的起源

美国中央银行，也就是美联储的成立是为了监督美国的货币供应。货币供应是经济的基础，如果不控制货币供应，货币的高需求量会造成资金短缺。在爆发危机时，银行挤兑可能会导致银行根本无法兑现所有存款。1913年，美国政府通过了《联邦储备法》（Federal Reserve Act），建议建立联邦储备系统。

除了控制美国的货币供应，美联储还作为监管机构，凌驾于州或国家商业银行的特许经营权之上。想成为美联储系统成员的银行，还必须加入1933年成立的联邦存款保险公司（FDIC），以保护其用户的权利。

中央银行是怎样运行的？

美联储和英格兰银行等中央银行控制着国家的货币供应。英格兰银行需要控制流通中的货币数量，是因为19世纪初期英国物价快速上涨。为了遏制此次通货膨胀，英格兰银行首先需要阻止商业银行大量放贷。其次，需要淘汰一些已经在市面上流通的货币。第一个问题已经有了解决办法，那就是提高英格兰银行向商业银行贷款的利率，即贴现率。

国家不鼓励商业银行为了放贷而借钱。同时，英格兰银行加大了政府债券的销售力度。通过购买国债，个人或机构——银行或其他机构——都可以用货币支付，从而使货币跳出流通。今天，所有的中央银行正是通过这两种简单的方法来控制经济中的货币流通数量。

19世纪以来，随着中央银行的发展，通过控制货币供应来操控经济的手段变得更加精细和科学。所有央行行长也都想知道，准备金的变化到底会对货币供应造成什么影响。

这两种要素——准备金和货币——之间的数学关系被经济学家称为货币乘数。要了解货币乘数是如何起作用的，首先要了解什么是准备金以及准备金从何而来。其次，就是要准确定义货币是什么，以及货币从何而来。

银行准备金

中央银行对商业银行放贷能力的核查要求之一，就是银行准备金。在美国，美联储系统的银行在美国中央银行（美国联邦储备系统）都拥有一个储备账户。法律对所有存款机构（银行）规定了统一要求，就是它们必须在联邦储备银行的账户中保持准备金余额，

19世纪私人银行的两组钞票。500美元的钞票于1862年发行，2美元的钞票于1864年发行。

或者以现金的形式保持其价值。此外，银行购买所有政府债券都通过该账户进行，涉及联邦系统的其他交易（例如支票清算）也是如此。

准备金账户的目的之一是控制银行准备金与其存款的比率（存款准备金率）。如果这个比率为1：1，商业银行每储备1美元，就可以接受客户存入1美元。但在现实生活中，事情要复杂得多。美联储规定，存款准备金率不得低于存款的8%，不得超过存款的18%。为了方便理解，假设准备金要求为10%，那么银行可以将90%的存款作为新贷款借出。这种用超额准备金作为贷款的做法存在于整个银行体系。每笔贷款都会产生新的存款或货币，这种现象通常被称为多倍存款创造。

货币和货币供应

多倍存款创造这一概念在货币性质和货币供应量问题中非常重要。大多数经济学家认为货币就是所有可用来支付的物品，包括支

票、纸币以及硬币。因为纸币和硬币由中央银行发行，所以它们的数量相对容易控制，但支票则仅受制于存款水平。

1853年纽约市银行发行的1美元钞票上印着一名美洲原住民和一名水手。

计量货币

要想知道社会经济中有多少货币在流通，中央银行必须知道自己发行了多少货币以及存款的总价值。由于这个值取决于银行准备金水平和准备金要求，所以央行需要知道准备金和存款的精确关系。描述这种关系的数学公式就是存款乘数。

从存款乘数可以推导出货币乘数，但过程很复杂。存款总额不能简单地与流通货币的数量叠加，因为部分存款是货币，此外还必须考虑存款机构活动中的其他要素。并非所有存款都是可以核查的，例如：有些存款可能会被锁定一段时间（"定期存款"）。与此同时，有些存款则由不受中央银行控制的机构持有，例如货币市场的共同基金。

货币乘数将货币和货币储备联系起来。但这一公式既不简单，又存有争议。尽管如此，该公式依然为中央银行提供了理论基础，即中央银行可以操控准备金水平，通过公开市场业务来间接操控经济。

自动柜员机允许客户在传统银行营业时间以外进行存款或取款。

今天的美国银行业

除商业银行外，美国另一种履行银行职能的机构是储蓄机构。一些储蓄机构的名字中也会带有"银行"一词。储蓄机构有三种基本类型：储蓄和贷款协会、互助储蓄银行、信用合作社。与商业银行相比，这三者的起源更简单，与社会相关的活动也更多。

1910年左右拍摄的美国明尼苏达第一国民银行内部。

信用合作社

信用合作社是存款和贷款机构，其成员包括存款人和贷款人，两者间通常因为共同的雇主或职业产生联系。信用合作社起源的特别之处在于其成员的社会地位。合作社最初只是慈善机构，旨在为穷人提供一个安全场所来存放他们的积蓄。这一点可以追溯到银行业的起源。储蓄和贷款协会的特征在于贷款和存款及其自助传统。储蓄和贷款协会通常由股东或其存款人拥有，主要为购买房地产提供股权贷款或接受长期（非支票式）存款。

三种储蓄形式都以多种方式受到监管并得到特许。与许多银行一样，储蓄和贷款协会的存款由联邦存款保险公司承保，而抵押贷款则由联邦住房协会（FHA）承保。互助储蓄银行也由联邦存款保险公司承保，而信用合作社必须有州或联邦特许经营权，同时还会受到国家信用合作社管理局（National Credit Union Administration）的监管。

投资银行

虽然大银行家族的商业资本主义已成为过去，但有一小部分在现代投资银行中依然存在。商业银行一开始并没有私人账户，也没有地方分行。它们专门向政府提供巨额贷款并为国际交易融资；后来，它们为18世纪和19世纪的大铁路和运河建设，以及标志着工业时代开始的其他工程项目提供资金。英国最著名的商业银行——巴林银行，成立于1763年。巴林银行和其他银行曾一起为美国政府提供了1125万美元，用于资助美国政府在1803年从法国购买路易斯安那州。

尽管投资银行在欧洲被称为"商业银行"，但它们并不是像商业银行那样的存款机构。它们的功能高度明确，只接待特定的商业客户。它们不负责借钱，而是充当客户的专家顾问和中介。它们的核心业务是协助公司出售其首次发行的股票。为达到这一目的，它们可以承销股票发行，就是它们自己购买股票，或作为银行联合体的一部分购买股票，又或仅作为代理人赚取佣金。此类银行还经常在企业兼并和收购中发挥咨询作用。1933年的格拉斯－斯蒂格尔法案（The Glass-Steagall Act）将银行业和证券业分开。但该法律现在已经废除，现在银行又可以进入证券市场了。

　　除了银行和储蓄机构之外，还有一大片灰

虽然柜台交易是最显眼的银行业务形式，但它实际上只占银行总业务的很小一部分。

色地带,这片灰色地带里的机构业务看似类似于存款机构,但实际上并非如此。其中最显而易见的就是货币市场共同基金。共同基金是私人机构,将客户的资金用于投资其他公司的证券或债券。

货币市场共同基金是此类机构的专门分支,仅投资货币证券。这些证券大多是国库券或银行存款存单。由于此类证券较为稳定,无论是基金公司还是客户都对这种投资很有信心。基金通常也会愿意让客户持有他们投资银行的证券。因此,光从表面上看,货币市场共同基金账户与其他商业银行账户非常相似。

现代银行系统

尽管银行的主要职能依然是吸收存款和发放贷款,但近年来银行业务发生了巨大变化。例如,在全球范围内,大多数客户使用银行的时间不再受限。现在,自动柜员机(ATM)每天24小时都能取款和存款。同时,电话银行和网上银行能让客户在自己的家中或办公室完成金融交易。

这一变化既方便了客户,又让银行省下了昂贵的铺租费用和人员费用,并将大部分业务转移到更便宜的地方,还可以降低劳动力成本。

银行的传统作用不仅受到来自技术创新的压力,还受到来自其他机构和创新的压力。支票、信用卡、借记卡以及最近出现的电子货币意味着银行不必再存储现金。许多商店现在也都可以使用信用卡或网上交易,使得硬币和纸币渐渐很少用于日常购物。

为了应对种种挑战,银行已经引入了大量先前属于其他机构的业务(例如保险和养老金)。银行和其他金融机构融合以提供广泛服务的趋势也越来越明显。

货币问题

一些学者认为，未来根本不需要实体货币。然而，所有涉及货币的问题都不简单。尽管货币正变得越来越"全球化"，但一个国家的货币仍然是其国家主权的有力象征。20世纪90年代后期，欧洲展开辩论，讨论是否使用单一欧洲货币，该辩论将此类问题的讨论热情推向了高潮。同样，随着1989年苏联解体，东欧的新兴国家把建立自己的中央银行和货币体系视为国家独立的重要步骤——尽管大多数国家自己的货币在国际市场上几乎都做不到保值。

美国联邦储备系统

美国联邦储备系统（The Federal Reserve System，以下简称美联储）执行美国中央银行的职能。美联储成立于1913年，而英格兰银行早在17世纪90年代就成立了。早期的中央银行通常只有一个中心机构，但美国中央银行并非如此。美联储分布在各州，银行之间联系密切，共同组成了美国中央银行体系。其实，美国采用这种形式绝非偶然。

美联储体系结构

因为各州担心金融权力会受到集中控制，所以美国在1913年之前都没有成立中央银行。当然，这只是原因之一。美国人，尤其是那些政客们，都有一种根深蒂固的想法，就是他们怀疑某个利益集团会掌控中央银行。1907年，美国爆发了严重的金融危机，这才迫使国会在1913年通过《联邦储备法案》，并成立了美联储。该法案将全国划分为12个联邦储备区，每区各有一个联邦储备银行，设在区内的一个重要城市里。同时，一些区还在本区内其他城市设立分支机构。这12个区分别是（括号中为分支机构）：

- 波士顿
- 纽约（布法罗）
- 费城（匹兹堡）
- 克利夫兰（辛辛那提）
- 里士满（夏洛特、库尔佩珀、巴尔的摩）

· 亚特兰大（纳什维尔、伯明翰、杰克逊维尔、迈阿密、新奥尔良）

· 芝加哥（底特律）

· 圣路易斯（路易斯维尔、小石城、孟菲斯）

· 明尼阿波利斯（海伦娜）

· 堪萨斯城（奥马哈、丹佛、俄克拉荷马城）

· 达拉斯（埃尔帕索、圣安东尼奥、休斯敦）

· 旧金山（西雅图、波特兰、盐湖城、洛杉矶）

谁来管理美联储？

美联储受联邦储备委员会领导。联邦储备委员会由七名委员组成，其成员由美国总统任命，并经参议院批准。每家联邦储备银行都有一个由九名董事组成的董事会：其中三名是职业银行家，由本储备区的联邦储备体系成员银行选举产生；三名是商人，他们与银行关系密切，也是由成员银行选出；还有三名是"公众"代表，他们由联邦储备理事会任命，代表的是社会各界民众的利益，而不是银行和银行家的利益。

每家银行的董事负责选举其首席执行官，即银行行长。通过这一制度，在一定程度上能确保中央银行下放权力，同时也能维护强有力和统一的监管体系。然而，该系统仍然存在着权力失衡现象，原因显而易见。比如，纽约联邦储备银行临近华尔街，那么华尔街便势必会成为美联储购买和出售证券的主要渠道，同时也是与外国机构交易的重要通道。事实上，虽然美联储在形式上是分权，但大部分权力都掌握在联邦储备委员会和联邦公开市场委员会手中。此外，美联储主席主持会议并制定议程，所以主席也拥有相当大的权力。

美国联邦储备银行

美联储的各个银行需要履行许多重要职能，包括监管、货币供应和政策职能。在监管方面，各银行首要负责检查成员银行的金融健康状况。如今，监管过程已经变得更加系统化，但在19世纪，银行的监管还有些随意。为此，美联储任命银行审查员，他们负责对每个成员银行的账簿和活动进行仔细检查的同时，也负责监管其负责区域内的银行兼并事宜。

美联储负责维持货币供应，它们负责发行新的硬币和纸币，并从货币流通中回收旧货币。它们还负责支票清算。每个区都有规定的贴现率，即美联储向区内其他银行和存款机构发放贷款的利率。不过，从某种意义上说，规定贴现率只是名义上的权力，因为美联储要想做出任何利率变动，都要经过联邦储备理事会批准。此外，美联储还负责决定是否发放贷款，或者向谁发放贷款。

联邦公开市场委员会（FOMC）

联邦公开市场委员会是美联储最重要的机构之一，也是连接联邦储备委员会与美联储的机构。公开市场委员会由七名联邦储备理事会成员和五名美联储董事组成。纽约联邦储备银行由于其强大的身份地位，可以永久占有一个席位。另外四个席位由其余地区美联储的人轮流担任。公开市场委员会最关键的作用是决定美联储购买和出售证券的数量。正是通过这一机制，美联储控制了国家的货币供应，进而控制了美国的经济。

个人理财

金融机构就像迷宫一样让人找不着方向，如果你想在迷宫中找到方向，学会管理个人财务状况是一项基本生活技能。

管理个人财务十分重要。比如，你可能有一份兼职工作；经济补助随着年龄的增长而增多；有可能你从亲戚那里得到一笔钱，或是继承了遗产。那么，你打算用这些钱干什么，把钱放在哪里？放在存钱罐或许可行，但如果你拿到的是现金或支票呢？卧室不够安全，无法存放大量现金，你也不想带着这么多现金去购物。鉴于上述原因，管理财务的最佳方式，就是像数百万美国人一样注册银行账户。

银行大厅忙碌的一天。随着银行服务不断发展，一排职员坐在窗口后的画面已经成为过去。

注册银行账户

银行是一种商业机构。银行想赚钱，但不想亏钱。此外，银行还要遵守一系列法律，包括预防不法分子"洗钱"的法律。银行得知道客户是谁。因此，对所有申请开户的客户，银行都要了解他们的信息。

银行需要查明新客户的真实身份。开户人需要提供身份证明文件比如驾驶证、护照或社会保障号码（SSN）。银行也会询问客户的住处和居住时长。客户如果居住时间不长，还要告诉银行自己以前的住址。

银行会要求提供当前居住地址的证明，比如寄给父母的水电费账单。银行可能会问你在哪所学校读书，是否从事兼职工作。如果你未满18岁，可能还需要提供父母的一些详细资料，还有一些特殊规定适用于外籍居民。

现代的银行。它们都执行相同职能，比如记录客户的收入和支出。

如果想申请贷款或透支额度，银行还会检查申请人以前的财务状况，查看信用记录，目前是否有债务，过去是否有未能偿还的债务。银行还可能要求申请人提供其他银行自己名下的账户信息，要么是现存账户，要么是曾经开设过的账户。客户要在申请表上填写以上信息，并附上签名，客户也会在支票和与银行的商务信函上使用同样的签名。

活期存款

如果是第一次准备将津贴或薪水存入银行，你必须决定存入哪种类型的账户。下文更详细地介绍了几种类型。但毫无疑问，简单的活期账户再合适不过。

活期账户最简单的形式就是，账户持有人或其他人可以把钱存进该账户，并且可以转账给其他人的账户。支出与收入可以是现金、支票、信贷或汇票。

一般来说美国有两种活期账户：一种要支付利息，而另一种不用。通常情况下，计息账户要求持有人在账户中保留最低余额，如果没有，银行可能会收取手续费用。

联名账户

联名账户是以多个名义开设的账户。此类账户可以是单签名或双签名。在支票和其他文件上，单签联名账户可由任一签字人操作账户，而双签联名账户需要两个签名才能操作账户。普通联名账户需要双方签署人提供详细信息。夫妻或小型企业一般使用联名账户。

开设银行账户

开设账户并存入现金后，为了跟进或记录账户活动，一些银行会提供支票簿，包括支票和登记簿。开出一张支票，意味着账户持有人向银行提出书面申请，要求将其所写金额支付给其他人或组织，即收款人，并将金额记入收款人账户。如果账户持有人在支票上将

自己填写为收款人，并将支票拿到账户所在的分行，他或她就可以取款。

　　一般情况下，收到支票的人会将支票存进自己的账户。但是，如果其账户所在的银行不是签发支票账户所在银行，那么支票必须经过"清算"。该支票将通过监测系统发送到签发银行，签发银行会检查支票并确认账户持有人是否有足够余额。随后，这笔金额才会记入收款人的账户。这个"清算"流程一般需要2～4个工作日。以下这点需要注意：当你存入支票时，除非和银行有特殊协议，否则你必须等到支票确认后才能使用这笔资金。

一定要填写支票上的所有空格，并确保文字和数字的金额准确一致。如果你犯了任何错误，支票将被退回，你将承担费用。

65

填写支票

　　一百多年来，支票的设计和内容改变甚少，世界各地的差异也很小。支票的基本特征与下图示例相同，包括底部的磁性油墨字符识别数字代码。该代码能进行电子扫描，以便将支票计入借方或贷方账户。

　　填写支票时要将所有地方填写完整。如果支票上留有空白，或者支付金额的文字和数字不一致，银行将不会兑现支票，还会额外收费。
- ·写下收款人的名称——你需要支付的人或组织
- ·用文字写下你想支付的金额
- ·用数字写下你想支付的金额
- ·写下开具支票的日期
- ·签上标准签名——你必须在开设账户时向银行提供签名样本，该签名也会出现在支票担保卡上
- ·填写带有日期、收款人和支付金额的存根，以保留准确存档

　　如果你开了一张支票给商店，但对方未能提供相应商品，则你可以停止支票付款。你要立即通知银行。只要支票尚未从你的账户中兑换，银行就能停止交易，但银行会收取手续费。

这张样本支票已填写日期、收款人，以及以文字和数字显示的支付金额。其中有一个空格用于记录付款目的，但许多支票没有这个空格。有了底部的电子数字，银行可以便捷迅速地处理交易。

支票

支票簿通常带有存根、复本和登记簿，可以存放25到100张支票。支票簿可以记录每张支票和存款的详细信息，帮助了解资金情况。每张支票上都会预先印有一些信息，比如银行的名称、地址和代码、账户持有人的姓名、账号和支票号码。

支票上也有空格可供客户填写日期、收款人姓名和支付金额。支付金额要以文字和数字形式各填一次，以防混淆笔迹。另外有一个空格供账户持有人签名，签名必须与开户时提供的样本相同。签名样本为银行持有，并通常记录在客户签署支票时出示的银行担保卡上。支票登记簿允许客户记录日期、收款人和支付金额，以便实时记录其账户余额。

透支

如果客户从账户中提取或支付的钱多于实际持有数额，账户就会被透支。除非客户之前与银行有过透支协议，否则银行有权拒绝接受透支账户。

透支协议可以在开户时及之后签订。透支金额取决于客户定期存入账户的金额（例如，工资或津贴）、信用记录以及是否有未偿债务。一般来说，定期存入的资金越多，透支限额就越高。

银行对透支收取费用，通常包括手续费和按日收取的利息。与银行商定的透支限额称为授权额度或约定透支额度。如果客户开出的支票超出了约定透支额度，银行有权拒绝支付。如果额度只超过限额一点点，银行可能会接受，但会以更高的利率向客户收取利息，并且可能会增加额外的透支费用。通常，大多数消费者账户的每笔透支交易都会被收取高额费用。

账单支付：电子转账

每天都有数十亿美元在人与人、公司与公司之间交易。如果这些交易全部使用支票，清算系统很快就会崩溃。因此，大多数交易都是通过电子转账。例如，你可以在每个月的同一时间，或者收款人指定的时间将钱从你的账户转入另一个账户。

有三种常用的转账方法：定期付款、直接借记，或把账单拿到银行柜台，让银行工作人员操作转账业务。随着技术的发展，现在人们越来越多是通过电话或互联网来完成资金的转账。

定期借记和直接借记

定期借记和直接借记都是自动付款方式。定期借记是指，账户持有人依据书面支付命令，要求银行在每月（季度或年度）的同一天向指定的个人或机构支付一定的金额，并从账户中扣除相应数额。客户可以选择无限期借记，那么账户不会停止付款，除非客户通知银行有其他情况，明确付款次数或日期限定。

获得直接借记授权后，得到你名下账户的公司可以每月、每季度或每年直接收取银行付款。通过直接借记收取的金额每次都可以不同。为了防止滥用支付系统，银行提出了相关要求，凡是因为错误使用支付系统而产生的费用，相关公司要自己承担损失。因此，客户可以得到保护，防止账户由于操作错误或诈骗而被直接扣款。

直接借记系统大大减少了公司开支，而且许多公司会给愿意使用该系统的客户提供优惠。这是银行处理数百万账单最简单、成本最低的方法。账单包含消费开销、电费、水费、房租、按揭还款和保险费等，而这些费用必须定期结算。定期借记或直接借记比开支票更便宜，也更简单。

银行卡

如今，只提供支票服务的银行账户十分罕见。银行总会提供其他服务。有些服务要依靠智能卡，卡上有客户的姓名和账号，用途多样，一些银行还专门发行银行卡，以满足特殊需要。

有一种银行卡被称为借记卡。客户可以用借记卡从自动柜员机取钱，也可以将借记卡插入自动柜员机，存入现金和支票，还可以在购物时使用借记卡直接付款。

借记卡在某些国家还有一个功能，即保证支票收款人在出示支票时，无论是否透支或超额，都能得到实际支付款项。每张支票保证卡上印有数字，可能是100美元，即担保限额。只有在支票背面写明银行卡的详细信息，而且支票不超过担保限额，支票才有效。

网上或电话购物时，可以使用借记卡或信用卡。

自动柜员机

在城市中，自动柜员机随处可见：特别是银行外、超市、机场、医院、酒店和商场。有了自动柜员机，人们无论何时都可以用银行卡取钱、存钱和存入支票，还可以查询并打印当前余额，查看账户最近的交易记录。持卡人必须有个人识别号码（PIN 码）才能操作自动柜员机。银行向持卡人提供的 PIN 码只有持卡人自己知道。持卡人要记住 PIN 码，不能泄露给其他人。

骗子只要拿到银行卡和密码，就可以取出账户里所有的钱，而且银行不赔偿。如果你觉得很难记住密码，可在自动柜员机修改为自己更容易记住的密码。

将银行卡插入自动柜员机后，输入 PIN 码并按照屏幕上的指示操作。取出现金后，可以根据需要打印收据，并保留到下次银行出具对账单。

大多数机器只有两次密码错误的机会。第三次输入错误后，机器就会留存银行卡，你只能向银行申请才能取回。这种方式可以防止小偷不停地输入随机数字来盗窃账户。

一些银行的自动柜员机有手续费。有些银行每个月限定免费次数，次数用完后再收费，异地或跨行可能产生手续费。

电话银行

如今，越来越多的银行通过电话提供服务，还有专门的电话银行。电话银行提供全方位服务，但你不会跟银行职员碰面。注册电话银行账户需要提供自己的基本个人信息，比如家庭情况或者是居住地址。同时，你也要设置密码。

打电话给银行时，你要提供姓名、账号，以及一些特殊的个人身份验证信息，还要输入密码但不一定是完整的密码，比如提供密码的第二位和第四位。

事实证明，这些安全措施行之有效。对银行来说，运营电话银

行的成本很低。对客户来说，电话银行既便宜又方便，可以不受时间限制开展银行业务。现金可以通过自动柜员机存入或取出。支票可以使用柜员机或邮寄存入。

银行业务的两个层面：网上银行和传统金库。图中所示为专门用于安全储存黄金的金库。

网上银行

与电话银行一样，网上银行便宜又方便，而且运营成本低。客户可以全天开展几乎所有的业务。相较于电话银行，网上银行客户可以查看信息。与电话银行类似的安全系统也应用于网上银行。

计算机系统已有几十年的历史，而在20世纪末，随着互联网的发展，人们对银行计算机化产生了兴趣。电脑能够通过电话线传输信息，而个人电脑拥有量正在迅速增长，尤其是那些年轻的专业人士。

个人电脑也有处理数据的能力，可以将个人财务信息下载到专门的软件中，比如财捷集团的"Quicken"和微软公司的"Money"等软件，利用这些软件可以分析报表和其他材料。对网上银行最重要的是保证银行和客户之间信息传递的安全。

网络银行

1995年，美国第一家网络银行——安全第一网络银行（SFNB）在肯塔基州开业。通过虚拟现实显示技术，客户可以在屏幕上"走进"银行，看到所有熟悉的地方。除了支付账单和"写"支票，客户还可以在线访问和管理账户。银行系统可以定期生成个性化报告，以方便客户密切关注资金情况。客户还可以自主支出和入账，比如购买汽车、交税、旅游消费或者收取工资和其他收入来源。

密切关注银行账户余额

如何记录所有入账（贷记）和出账（借记）呢？最好的办法是每次开支票时都更新登记表。在每个月底将每笔交易对照银行对账单核对所有支票是否都记入了账户。如果月初500美元支票没有记账，你会误以为自己多了500美元。

登记支票时要留有存根。人们很容易忘记从自动柜员机取出的现金数额和手续费。因此，你要保留确认单，并记下存根上的金额。人们也很容易忘记什么时候进行年度或季度定期借记和直接借记，因此这些也需要记下来。

银行和客户

银行与其客户之间的关系建立在相互信任的基础上。客户相信银行会认真管理他们的钱，及时准确地处理所有交易，并对交易合法保密。银行依据相关条款，对业务服务收取费用。

同样，银行相信客户遵守相关条款。客户也不要枉费银行的信任，多次超额透支账户。银行还希望客户妥善保管支票簿、银行卡和密码。

个人财务安全的基本准则是永远不要让别人知道你的账号、个人信息或银行卡的密码。切勿写下你的密码；如果必须这样做才能记住密码，请将它放在不显眼的地方：不要放在你的支票簿、日记本或随身携带的物品上。不要在你的个人电脑上输入相关信息。

利息和利率

利息是借钱或存钱时收取的费用。如果有人借给别人钱，借出

一位银行职员和她的客户讨论银行提供的贷款类型。因为年利率因银行而异，所以经常有必要货比三家，寻找最便宜的贷款。

的钱就叫作本金。借出钱的人叫贷款人，他希望在未来的某一天收回本金。在借款被还清之前，贷款人也希望收取利息。

利息按本金的百分比计算。《贷款真相法》（The Truth in Lending Act）要求贷款人以年利率（APR）表示利息费用，APR代表年利率百分比。比如，如果本金是1万美元，年利率是5%，即使利息是每季度或每半年支付一次，贷款人也会得到每年500美元的利息。学会利用年利率是金融服务商的必修课，借款人能对比不同机构提供的年利率。

贷款利率以毛利率表示。毛利率指的是在扣除税收等款项之前的利率。如果在支付利息前从利息中扣除税款或其他费用，贷款人收到的实际利率，即净利率就会较低。在全球范围内，利率变化相

如何管好你的钱？（1）

- · 填写支票存根
- · 填写存款存根
- · 收好取款单
- · 记录定期借记额、直接借记额、应付金额和还款日期
- · 索要每月账单

银行对账单

银行对账单上会按日期顺序显示所有的借方和贷方。对账单还会显示上个月的余额，每笔交易后的余额，以及月底余额是贷款还是借款。核对银行账户是很重要的，因为虽然银行几乎不会出错，但关键在于你是否能及时注意到。

如何管好你的钱？（2）

拿到银行对账单后，你需要这么做：

- · 核对对账单上的所有条目，包括对照支票存根、存款存根、定期借记和直接借记清单，以及使用自动柜员机时的凭条
- · 从余额中扣除已经开出但未在账户上显示的数额
- · 将已入账而未在账户上显示的金额相加，结果就是真实余额
- · 对于30天前写的支票，跟进每张支票的收款人：是否收到支票？什么时候兑现？
- · 凡是自己的记录和对账单之间有偏差，都可以要求银行解释，因为银行有可能拖欠了你的钱

银行收取什么费用？

　　银行是营利机构，一般都会收取费用。银行必须向客户说明账户的相关条款，也要列出有修改的条款，因此请务必仔细阅读。

　　银行可收取费用的一般服务包括：

· 开户费用

· 支票簿和存款簿的费用

· 每个月结算每张支票的费用，以及结算超过指定支票数量的费用

· 每笔通过定期借记支付的费用

· 年度或月度账户管理费

· 支付账单的费用

· 每日超过规定透支额的利息

· 透支费

· 每日未经许可透支额的罚息率

· 未经许可的透支费用

· 每月对账户中超过指定额度的信贷收取费用

· 柜台取款的手续费

· 从本行自动柜员机或关联银行柜员机取出现金的手续费

· 从非关联银行的自动柜员机取出现金的手续费

· 停止支付已开出支票的费用

· 发送对账单或以往对账单副本的费用

· 清算外国支票的费用

当频繁。利率也会根据本金的规模、贷款期限和贷款人面临的风险大小而发生改变。例如，信用记录不好的借款人进行长期大额贷款的利率会很高。

计息账户

　　把钱存入计息账户，实际上是把钱借给了银行或储蓄机构。你肯定希望在存款期限结束时拿回你的钱，否则一开始就不会存钱。

然而，承担的风险越低，存款利率也会相对较低。

在寻找最高存款利率时，请记住以下这点：如果利率报价远高于其他机构，请谨慎对待，因为这意味着更高的风险，而且有可能拿不回本金。高于平均水平的利率代表着高于平均水平的风险。

信用记录

如果想获得银行卡透支权益，办理信用卡，或是从别处借钱，你得有良好的信用记录。信贷机构收集了数百万人的个人信息，而放贷者可以从中知晓借贷者的信息。美国的信贷机构如：益百利公司（Experian）、艾可飞公司（Equifax Credit Services）和环联资讯有限公司（Transunion Credit Information Services）。

如果没能及时还清债款，债主就会把相关信息发给信用机构并记录在案。信用记录还会显示已及时还清的债款。只有按时还款，才能建立良好的信用记录。

信用机构根据信用记录为咨询者提供风险评级。尽快获得良好评级非常重要，因为改变不良评级非常耗时。如果信贷申请没通过，美国的信用机构必须免费提供一份信用报告。为了确保准确无误，你也要时常检查自己的信用记录。如果有误，一定要坚决提出修正。

金融监管和《存款机构解除管制与货币控制法案》（DIDMCA）

1929年，华尔街股市崩盘，全球经济危机随之而来，美国因此出台新法案来监管金融市场和银行。受通货紧缩影响，美国在20世纪30年代出台新法案。直到1980年，该法案主要内容依然有效，但由于当时通货膨胀率较高，需要进一步改革完善法案。于是，美国1980年出台了《存款机构解除管制与货币控制法案》。

如何选择银行账户?

在服务、费用和贷款余额利息(如果有的话)方面,银行之间互相竞争新客户,而客户的选择很多。要想选择得当,就要关注成本和便捷程度,再问问自己下面几个问题:

· 每个月花费多少钱? 存入多少钱?

· 每个月多久取一次钱?

· 工资或津贴可以直接存入账户吗?

· 是否需要透支,透支多少? 如果不需要,每个月的平均贷款余额是多少?

· 在哪里办理银行业务和使用自动柜员机最方便?

· 需要与银行员工面对面沟通吗?

· 使用银行自己的自动柜员机要多少钱,使用其他银行的呢?

根据问题的答案,你应该就可以做出选择了。你可能决定多付一些服务费,方便自己在家或工作地附近的分行办理银行业务;或者为了少花点钱,你也可以去一个稍微远一点的银行,电话银行也行。在注册银行账户之前,确保自己已经了解所有相关条款和费用说明。

根据《存款机构解除管制与货币控制法案》的部分条款逐步取消了许多对银行和储蓄机构提供利率和账户类型的限制。条款内容如下:

银行可以根据账户持有人的书面请求,将钱自动从定期存款账户转入活期存款账户。

●允许联邦或州银行,以及储蓄信贷协会(S&L)向个人或非营利组织提供可转让支付命令账户(NOW Account)。

●允许联邦储蓄信贷协会和联邦互助储蓄银行建立远程服务单元。远程服务单元是一种自动化设施,由银行客户操作,用于执行银行功能,例如接收存款、支付取款或借贷。

●储蓄信贷协会不能设定利率上限。

●限制储蓄机构投资范围。

●授权联邦储蓄信贷协会提供信用卡服务。

●鼓励债权人用通俗语言描述信贷交易。

●允许联邦信用合作社为合作住宅提供贷款，最高贷款利率为15%。合作住宅泛指一群有相同理念的人组织集合在一起，共同合作创建共居的房屋、社区，并合作处理居住相关事务，以及共享建筑内的部分设施。

●债权人使用的利率指年利率。

20世纪80年代以前，人们主要通过储蓄信贷协会申请抵押贷款，获得购房资金。协会还有许多长期贷款没收回，这些贷款利率固定，而且利率在解除管制之前就设定好了。由于利率较低，协会收入也较少。但在放松管制之后，通货膨胀率升高，利率飙升，银行为了吸引和保留客户，不得不提供更高的利率。

抵押贷款导致储蓄机构收入较低，机构又面临高利率，再加上管理不善，导致1500多家机构倒闭。为防止储蓄机构连带存款全部倒闭，美国纳税人提供了超过2000亿美元的救助资金。到1990年底，储蓄信贷协会持有的抵押贷款市场份额下降到25%，现在的份额甚至更低。

可转让支付命令账户（NOW Account）

NOW代表"可转让支付命令"（Negotiable Order of Withdrawal），实际上是一种支票。可转让支付命令账户结合了支票账户和储蓄存款账户的主要特征。在《存款机构解除管制与货币控制法案》生效之前，存入储蓄存款账户的钱只能由账户持有人取出，通过支票或任何其他方式无法将资金直接转给第三方。法案允许银行和储蓄信贷协会向个人和非营利组织提供储蓄存款账户，账户持有人也可以将储蓄存款账户用作支票账户。

存款账户

存款账户分为活期存款账户和定期存款账户。活期存款账户可以即时支出。但是，定期存款账户无法在规定的时间内取钱，例如12个月。活期存款账户的利率低于定期存款账户。

定期存款账户是浮动利率。美国的定期存款利率根据美联储贴现率的变化而上升或下降，也有可能在一定时间段内是固定的。利率也取决于存款金额和时间。你可以保存好储蓄存款账户提供的定期对账单或存折，所有存款和取款记录都在上面。

信用卡

信用卡是一种类似于借记卡的智能卡。任何可以证明自己有相当信用的人，都可以收到由银行或信用卡公司发放的信用卡。只要有了信用卡，哪怕不支付现金，你也可以在允许刷卡的零售商和服务公司购买商品或服务。到每个月月底，信用卡公司会发给你一份对账单，列出所有商品清单，并要求在某天前支付最低金额。要么支付最低还款金额，要么还清全部

尽管银行在法律上有义务对他们的服务进行说明，但为了吸引尽可能多的客户，美国的银行会发放一系列与其金融服务相关的传单（图片显示存款将有机会获得400美元奖励）。

或部分未付金额。如果你没有全额还清，未结余额和产生的利息会加入下个月的对账单。

信用额度

每位信用卡用户都会根据自己的信用记录和收入情况获得信用额度。开销不得超过信用额度。大多数零售商在交易前都会检查开销是否超额。信用卡未结余额的利率较高，信用卡公司的赢利来源正是这些利息费用，还有零售商的利润分成；有时也会向持卡人收取年费。通过信用卡借钱很方便，但这也是最昂贵的借贷方式之一。

PIN 码会发给信用卡用户，他们能够从自动柜员机中取钱。每次取款都会收取手续费。大部分的信用卡全球通用，可以在大多数国家取出本国货币。

签账卡

签账卡类似于信用卡，但每月出账单后，签账卡需要在指定日期前把所有欠款还清。不过超过该日期的信用额度是不予计入的。此外还有一个不同的地方就是，持卡人若提前向签账卡内汇款，他就可以使用该卡进行消费。但这种情况下持卡人不会获得额度。而且签账卡是按年收取费用的。美国运通卡和大来卡是都比较出名的签账卡。

商店卡

20世纪70年代末以来，许多大型商家为提升客户黏性，都发行了自己的信用卡和账户卡。这种做法使得商家们可能还能从未付账单的利息中获利。商店卡类似于信用卡，分为三大类。

商店卡的使用方法和银行信用卡相同，但商店卡只能在相应的商

场店铺中使用。持卡人会有设定的信用额度，你可以选择月底一次性付清全部欠款或者每月支付最低金额和相应的欠款利息。

其他国家或地区的银行业务选项还包括预算账户，其信用额度主要基于每月向账户付款的给定倍数。假设你向账户定期付款50美元，那么你可能会获得该金额最多30倍的信用额度。商店卡的使用方式与标准的美国运通卡或大来卡相同。这种卡的信用额度是没有延长期的，因此消费者需要在每月收到结单后，在约定时间内全额还清账款。

商店卡可能是一种要求比较高的借贷方式。虽然部分商家似乎想让所有持有银行卡的人同时也都拥有一张商店卡，但也有部分商家对商

对于珠宝、股权证或硬通货这类具有重要价值的物品，银行会设有专门的保险箱，客户可以通过唯一的钥匙来打开。

店卡申请人的信誉有着严格的规定。这是因为"全民刷卡"的购物方式意味着需要定期偿还欠款否则会支付高额利息，从而保护了商家免受坏账的影响。

旅行支票

随着19世纪欧洲旅游业的发展，旅行支票的需求也因此开始慢慢显现。尽管在19世纪60年代出现了一些相关的信用支付方式，但直到1891年美国运通公司才推出了第一张旅行支票。

阿拉伯联合酋长国银行的商人。企业选择银行的标准与个人相同：便利性和成本。

花旗银行（Citibank）在针对讲西班牙语的客户发行的传单上承诺将保证其获得万事达卡的批准，但接着又解释说，前提是客户必须向信用卡账户支付500美元。因此你在做决定之前，一定要仔细阅读财务要约的细节。

选择一个存款账户

要找到一个适合自己的存款账户，你就要先弄清楚以下问题：

●我需要存多少钱？因为许多银行都有最低存款限额的。

●我以后会继续往这个账户里存钱吗？因为一些账户有分级利率：账户里的钱越多，利率就越高。如果你承诺会定期存款，比如一年会存一次钱，那么有些银行就会支付你更高的利率。

●我会出现需要立刻从这个账户取钱的情况吗？如果是，你就开一个简单的活期存款账户，不要开定期的。

●我什么时候需要这笔钱？因为存六个月的利率要比三个月的要高，而存一年的利率则会更高。如果你选择的时间超过一年，你同时也会承担一定风险。

美国花旗银行的一种存款单，要把钱存入你的银行账户就必须填写它。要想不把存款弄丢，你就要清楚地填写好你的账户信息。许多银行会分发带有许多存款单的存折，并用里面的存根来记录所有的交易。

美国一种特快存款机（Express deposit machines），是为了帮助那些只想存支票的客户免于排队而设计的。

因为这期间的利率可能会上升，但你因为选择的是定期存款，你的利率就不会变动。但如果你在存款周期结束前取钱，银行就会对你进行相应的罚息。

●我需要支票簿或银行卡之类的附加服务吗？这对高利率的户头是可行的，因为这样的账户通常数额都会比较大。但是因为这样的利率会更低，所以你会需要为每一项附加服务付费。

●我想让银行在什么时候给我支付利息？是按每月，每半年，每年，还是在存款周期结束的时候？如果利息不是按每年支付的话，记得先查看看年利率有多少。

●如果我存钱的银行破产了怎么办？在美国，如果你的银行和储蓄机构投保了，虽然你可以获得最高10万美元的保险赔偿金额。但你的日常生活还是可能会因为银行破产导致的付款延迟而感到不便。如果你担心这种情况的话，可以选择一家大一点的银行。

这种极具创新性的支付手段源自该公司总裁威廉·法戈（William Fargo）的一次欧洲之旅。虽然那时他随身携带了许多信用卡，但他发现只要一出了主要城镇，这些所谓的信用卡就会像"湿了的纸巾"一样没用。但他却在这么一个问题中嗅到了一个很好的商机，于是旅行支票就诞生了。

最早的旅行支票看起来和现在的看起来很相似。主要区别就在早期旅行支票的正面会印有美元、英镑、法国法郎和意大利里拉等各种货币的图案。因为当时汇率的波动不大，旅行支票可以用于兑换固定的多国货币。当世界金融体系因为第一次世界大战爆发而崩溃时，滞留在欧洲的美国人无法兑现他们的信用卡或美元钞票。但那时候无论美国运通公司的旅行支票上印的是什么货币，依旧能兑现。

如何使用旅行支票？

从银行或其他组织（如美国运通公司）可以购买到各种面额的旅行支票，例如10美元、50美元或100美元。在这个过程中你需要向

发行方支付手续费，费用通常会按每张支票面值的一定比例计算，而且通常还有最低手续费要求，这就使得只购买少量支票的成本会很高。

当你需要在另一个国家使用当地货币或经常购物时，你可以将支票兑换成现金。虽然外资银行、机场、酒店、百货的货币兑换亭及各大商店都可以进行兑现，但要找到最佳汇率的话，还需要你"货比三家"多跑几个地方。

而且如果要想拿到钱，这两个签名必须一致。此外，你在兑现支票时还须证明身份，通常就是通过出示你的护照。这也使得小偷很难使用你的旅行支票去兑现现金。而且如果支票丢失或被盗，一些旅行支票的发行人还能提供担保，并通过当地机构进行免费更换。

通常来说，追踪个人财务状况的方法就是仔细检查账户是否与自己消费记录相符。这么做虽然非常枯燥，但效果很好。

在大多数国家和地区，使用旅行支票比兑换美元或使用信用卡的频率要更高。这是因为一些国家的电子银行还没有发展起来，旅行支票仍是当地最安全的货币形式。比如在利比亚等国，外籍工人经常会要求以美国旅行支票而不是美元现金来支付他们的报酬。

工资单或工资条

工人收到的工资通知单或雇主存入银行的款项记录会包含许多信息，其中一些信息是必不可少的。这些工资单据会显示该名工人在一个固定时期内的总工资和净工资，还会对扣除的部分进行解释说明。总工资是扣除相关部分款项之前的工资，而净工资则是扣除后剩下的部分。

美国的工资扣款分为强制扣除和自愿扣除两种。它们分为三类：税前扣除、本身的税收扣除和税后扣除。强制扣除可能包括联邦和州所得税、地方税、医疗保险、社会保障、州残疾基金税和其他税。

自愿扣除则可能包括对退休基金和慈善机构的捐款。税前扣除（其中最重要的是对退休基金的供款）会影响人们缴纳的税款，这就是为什么它们需要与税后扣除分开打印。

资产和负债

任何想要计算总财富的人都需要考虑他们的资产和负债。资产是指任何有价值的东西。资产有着不同种类。公司资产负债表包含着各类固定资产，例如不动产、机械、车辆和家具；流动资产，如现金、银行存款、应收票据；金融资产，如按开立账户当日市值计算的现金投资或养老基金；还有无形资产，如专利、商标或公司名称。

评估自己的资产
（Assets）和负
债（Liabilities），最好
找一个财务顾问，
他们更有经验。

　　对个人来说，如果你想知道自己的身价多少，可以先按市场价
值评估除无形资产以外所有的这些资产，然后减去你的负债。如果
结果是负的，你就破产了。

　　债务是资产的对立面。用公司术语来说，债务是指它以透支、
贷款和未付账单形式存在的任何负债。它们被称为流动负债。股东
投给公司的资本也是一种负债。就个人而言，债务可能是所欠的钱，
例如银行透支、信用卡债务、未付账单、抵押债务、学生贷款和其
他借款等。跟踪这些债务是管理自己财务的重要组成部分。

坚持个人记账的习惯

要做到记账并不难，但做好记账需要持之以恒。对于想要弄清个人财务状况、做到提前谋划的人来说，准确的记账是必不可少的。

支出类型
- 房租、抵押贷款、房屋维修、房产税、卫生打扫
- 饮食
- 家居用品
- 外出娱乐及外出用餐
- 车牌证、汽车税、汽油、汽车维修、保险
- 旅游
- 教育
- 水电费和电话费
- 联邦和州税收及社会保险
- 债务利息（如学生贷款和信用卡）、银行手续费、债务偿还
- 休假
- 医疗保健
- 保险（人寿、健康、住房及其他）
- 慈善捐款
- 用于儿童与家庭的开支
- 视频、光盘、书籍、报纸、游戏
- 运动及各类爱好
- 宠物
- 圣诞节或其他礼物
- 其他个人支出

虽然收入的类别通常不多，但也需要以同样的方式分类。通常来说，收入可以分为工作收入、礼物、存款或投资收入。你的存款收入将显示在结算单或存折上。如果你已安排将投资所得股息直接支付到你的银行账户，那么股息就会显示在你的结算单上。它们还会显示在股息通知上并同时发给作为股东的你。此外，你的工作收入毫无疑问也会显示在工资单上。

记账虽然很烦琐，但是当你这样做了几个月后，你就能管理好你的财务，并准备好为你未来的财务做出合适的计划。

储蓄和借贷

很少有人会一辈子既不借款也不贷款，通常来说都是兼而有之。虽然可能很少有人能够实现快速致富，但缓慢致富却是数百万人都能够实现的目标——只要你能进行明智的储蓄和借贷。

储蓄就是把今天的钱存起来，以备将来不时之需。因为货币的商品属性，所以金融机构会通过支付利息来吸引人们投资，做到以钱生钱。但人们是不会选择把钱长期压在自己的床底下，或者放到一个没有利息的银行账户中去的，因为没人会愿意把自己的闲钱放在一个不能获益增值的地方。

那么赚钱的方法有哪些呢？简而言之，主要的储蓄工具是存款账户、各种固定利率投资（债券）、房地产和股票。作为潜在储蓄者的你要在这些选项中进行选择的话，首先需要非常仔细地考虑这两个因素——时间和风险。

最大多数情况，储蓄就是把钱放在一个安全的地方以备日后使用，就像许多孩子把五分、一角、一元这些零钱存入钱罐里一样。

时间因素

有些储蓄可能会存上30或40年，比如退休储蓄。人们也可能只是想存几个月的钱来买

由于不愿将自己的积蓄托付给他人，这也促使部分人会像这位17世纪的守财奴一样囤积自己的钱，但藏起来的钱不会增加价值或赚取任何利息。

Six
Steps
to
Easy
Saving

CITIBANK
where money lives

美国花旗银行和美国许多金融机构在争夺储蓄者方面会展开激烈竞争，因为他们持有的储蓄越多，就能发放越多的贷款，收取的利息也就越多。图为花旗银行为吸储所做的广告"6步即可完成储蓄"。

一些特别的东西。有些储蓄工具非常不适合长期储蓄，而有些工具则不适合短期储蓄。一般来说，五年以下的储蓄被称为短期储蓄，超过五年的则被称为长期储蓄。

风险因素

任何储蓄方式都会有风险。即使是藏在床垫下的钱也有可能会被偷，又或者随着时间的推移，在经历通货膨胀后被贬值。就连放在存款账户中的钱也是和储蓄机构的安全性挂钩的，而且也可能会因通货膨胀而贬值。

在某些储蓄方式中，货币的面值是永远不会改变的；但一些其他的储蓄方式则每天都在变化。因此我们可以根据风险对各种形式的储蓄进行分级。关于各种储蓄方式的最佳建议是，如果你承担不起风险，就不要投资。

储蓄工具的选择

如果有人通过购买美国联邦政府的短期国债、中期国债或长期国美国人购买美国储蓄国债是一种非常安全的投资，但是获得的回报相对较少。图为购买储蓄国债所填的单据。

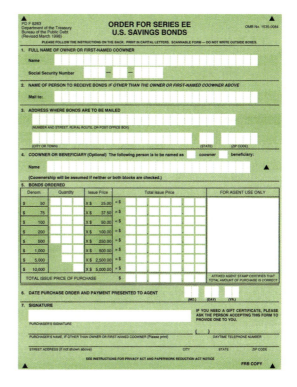

债，投资给联邦政府，他们承担的风险是最小的。如果他们以同样的方式投资给州政府，风险系数也同样很低。

如果有人通过开立存款账户投资给银行或储蓄机构，风险会高一些，但也不是很明显。如果他们选择一家提供美国联邦保险的机构，他们就能在遭遇风险时获得高达10万美元的损失赔偿。但如果他们是通过购买公司债券或投资私营公司则需承担相当高的风险，因为风险的实际数额会根据特定公司的财务实力产生巨大的差异。

通过购买一家公司的股票来投资则会有更大的风险。股票和证券的价格每天上下波动，这不仅与公司的交易业绩和前景有关，还与许多其他因素，如供需、股票市场情绪、投资方向以及政治和经济前景相关。

储蓄的回报

储蓄回报是储蓄者期望获得的回报，这一回报指的是储蓄所得超出其投资金额。它有两种形式。第一个是收入：金额相对较小的定期付款。第二个是资本增长：投资金额的增值。

部分储蓄只能实现其中的一种，还有一些部分则是两者都能实现。收入的形式有利息（来自储蓄存款和固定利率投资）、租金（来自房地产）和股息（来自股票）等。

另一方面，资本增长来自房地产和股票价值的增长。在某些情况下，它也可能来自固定利息投资价值的增加。例如，储蓄国债和其他一些债券仅提供资本增长，但不支付任何利息。

风险与回报

如果储户不愿意眼睁睁看着自己储蓄的钱贬值，即他们不愿承担更大风险，将不得不接受较低的回报。在这里，时间因素开始发挥作用。当人们购买股票时，货币价值下跌的风险在短期内更大。从长远来看，股票价值会随着时间的推移而增加。

一般来说，低风险的储蓄会产生提前可知的回报。收益的不确定性越大，亏损的风险就越大，但潜在的收益也越大。

房地产

另一个例子就是房地产。商业或住宅房地产的部分价值取决于它所能获得的租金，而租金又取决于许多因素，尤其是房产所处位置和整体经济活动。物业的租金回报会因经济衰退、周边环境变化花旗银行的储户可以通过签名来验证身份，然后从账户中取款。图为一张取款单。

或租户陷入财务困境而面临风险。例如，面临经济衰退、周边环境变化或租户陷入财务困境的风险。任何可能从房地产获得的资本收益也面临经济衰退和业务需求变化的风险。最后，房地产不是一种流动性强的投资形式。

流动性

　　流动性是指你可以很快地把手中的物品或银行账户里的美元变成现金。活期存款账户流动性强，房地产流动性弱。介于这两种极端之间的是定期存款账户，储蓄者只要支付罚金就可以迅速拿到钱。此外，还有固定利率投资和股票，它们一旦在市场上进行交易，其价值就可以实现。从市场交易中获得的现金通常需要几天时间才能到达银行账户。

　　如果储户希望能够随时取款，那就选择活期存款账户。即时存取的代价在于：活期存款的利率会低于定期存款的利率。储户存六个月获得的利率要高于三个月，也就是说存的时间越长利率越高。

债券

债券是一种固定利率储蓄方式，在其他国家有时也有其他含义。美国有两种债券。第一种是短期国库券，期限少于一年。以三个月短期国库券为例，它有固定期限——本金将在三个月后全额返还，并按规定的利率加息——但它是不可转让的，储户在这三个月内不能拿回自己的钱。

第二种是国债。如果有人购买了赎回日或还款日是2005年5月且利息为12%的国债，那么在2005年5月之前，无论利息发生什么变化，他们每年都会收到12%的利息。这种债券在已知的期限内（2005年5月时，原始投资金额将全部返还）可获得明确回报。

债券根据其价值和有效期提供不同的利率。对于持有各种债券或投资组合的储户来说，仔细记录它们的表现是很重要的。

财政部在2005年5月之前不会退还原始投资金额。但是，如果购买者想提前兑现债券，他们可以通过债券市场将其出售给其他人。与此同时，如果利率远低于12%，那么对买家来说，其购买的债券价值就会远高于最初投资时的价值，因此卖方将获得资本收益。

另一方面，如果利率同时上升，卖方就会蒙受损失。一些债券没有特定的到期日。利息以已知利率无限期支付。同样，它们的资本价值将根据利率的变化或预期变化而变化。

战争债券

在第一次世界大战和第二次世界大战期间，出现了一种独特的储蓄方式。政府以战争债券的形式为储户提供有利可图的交易，从而为战争提供资金。政府把债券卖给储户，承诺在战争结束后连本带利偿还。在第一次世界大战期间的美国，债券作为所谓"自由贷款（Liberty Loan）"的一部分出售，甚至儿童花几美分就可以获得特殊债券。在战争期间，各种自由贷款活动总共筹集了210多亿美元。由于过剩的购买力被削弱，从储蓄中购买债券有助于降低通胀。

其他资助战争的方法包括提高税收、强制贷款、向外国政府借款以及发行更多货币。第二次世界大战期间，美国提高了个人所得税，取消了一些免税政策，并开始直接从薪水中扣税。其他国家，如英国，则引入了销售税。

在两次世界大战中，美国公民都被鼓励购买战争债券，并从其工资中定期购买。每个城镇都有委员会专门筹集资金，通过展示战争场景或家庭场景来强调保护下一代的重要性。铺天盖地的海报和报纸广告激起了人们的爱国主义，市民们也被要求将收入的10%用于购买债券。

分别为第一次世界大战和第二次世界大战时期的战争债券的广告海报。

储蓄还是投资：借贷还是持有？

如何看待不同形式的投资？一种方式是，看你是想把钱用于借贷还是用于买东西。如果你把钱用于可获得收益的投资，例如借贷，说明你希望贷款人在贷款到期时还钱，并支付此期间的利息。另一方面，如果你把钱用于投资房地产或股票，那么你购买的其实是无形的资产。有些人通常会将借贷视为一种投资，将持有视为一种储蓄。

投资利息

在美国，存款账户由银行、储蓄信贷协会以及信用合作社提供。存款账户有两种。活期存款账户可随时存取，但利率相对较低。定期

人们在印度孟买的帕蒂海滩放松。在印度的许多城市，房地产是如此宝贵，以至于许多储蓄者投资于房地产，而不是股票、债券或其他储蓄方式。

存款账户的利率依存款人选定的定期存款时间而变化。这可能是六个月、一年或更长时间。你存入的存款越多，存入时间越长，利率就越高。

储蓄债券

债券可以由联邦政府、外国政府、联邦机构、州、市、公共公司、私人公司和其他组织发行。通常包括"息票"（Coupon，指规定的利率）和债券到期日（偿还本金的日期）。一些债券给借款人在规定到期日之前偿还贷款的选择权。

公司债券是由需要借钱的公司出售的。由于公司比政府更有可能破产，所以它们不像联邦债券、联邦机构债券或州政府债券那样安全。但公司债券利率会更高，以补偿购买者所承担的额外风险。如果一家公司真的破产了，其公司债券的持有者将优先于股东从剩余资产中获得偿付。利率常指的是毛利率，也就是税前利率。

资本增长型投资

一个购买者以低于票面价值的价格购买债券，而贷方承诺在未来某一特定日期以全额票面价值偿还债券，这就是资本增长型投资。储蓄国债就是最好的例子。由于这种债券没有收益，储户无须支付收益所得税。任何收益（投资金额和偿还金额之间的差额）都要对有资格缴纳资本利得税的储户缴纳资本利得税。

除了房地产投资之外，支付股息的公司股票是既能产生利息又能增加资本的最佳例子。公司做生意只有一个目的：赢利。公司的利润部分用于向股东支付股息，部分用于再投资，以在未来创造更大的利润。

这意味着如果投资者购买了一家成功公司的股票，他们将看到股息每年都在增长。因为这家公司已经取得了成功，而且未来的发展前景也不错，就会有更多的投资者购买这家公司的股票，股票的价格就会上涨。即使每年支付股息，资本投资也会增加。

当然，不利的一面是，公司的运营可能不那么成功。利润减少，分红减少，股价就会下跌。如果公司运营失败甚至破产，投资者就会没有股息，损失所有资本。

投资股票：个人持股

当你进行股票交易时，无论何时买卖，都要支付佣金。这意味着购买一个公司的少量股票会相对昂贵一些。另一方面，投资者需要大量资金才能持有大量股票。

投资股票，尤其对短期投资来说是有风险的，但是可以通过持有多家不同公司的股票来降低风险，这叫作分散投资。举个例子，你持有40支不同的股票，其中两到三支表现不佳，如果其他股票表现良好，你就不会遭受任何损失。但如果你只持有两到三支股票，而其中一支表现糟糕，情况就不一样了。那么，如果你没有足够的资金来投资多支股票，你会怎么做？

共同基金

一种做法是投资共同基金。共同基金是一种信托基金，将成百上千或数十万人的资金汇集到一起，进行投资并代为管理。集中投资可以让仅投资几百美元的投资者在数百家不同的公司中持有少量股份。共同基金种类繁多，可以按不同的方式进行分类，并根据风险进行分级。你可以选择完全投资于公司股票或债券，或两者混合

复利

　　复利可以让储户以相对较快的速度增加储蓄，而且风险很小。每年从存款中获得的利息都要加到账户中已经存在的资本中；下一年的利息是按总额支付的。下面的例子展示了最初500美元的投资如何在20年的时间里增长到总共2000美元。虽然年利率只有7.1773％，但在这种情况下，初期投资的总收益率是400％。每年赚取的利息起初增长缓慢，但随着时间的推移和资本的增加，增长的步伐更大。

年	起始金额（美元）	利息（美元）	最终金额（美元）
1	500.00	35.89	535.89
2	535.89	38.46	574.35
3	574.35	41.22	615.57
4	615.57	44.18	659.75
5	659.75	47.36	707.11
6	707.11	50.75	757.86
7	757.86	54.39	812.25
8	812.25	58.30	870.55
9	870.55	62.48	933.03
10	933.03	66.97	1000.00
11	1000.00	71.77	1071.77
12	1071.77	76.92	1148.69
13	1148.69	82.45	1231.14
14	1231.14	88.36	1319.50
15	1319.50	94.71	1414.21
16	1414.21	101.50	1515.71
17	1515.71	108.79	1624.50
18	1624.50	116.60	1741.10
19	1741.10	124.96	1866.06
20	1866.06	133.94	2000.00

的基金。每支共同基金都提供一份招股说明书，详细说明其代管人、预期达到的目标、过去的表现、持有的股票以及投资者必须支付的费用。

你可以选择以资本增长、高收入，或增长与收入平衡等为目标的基金，也可以选择那些专门针对不同规模的公司，在美国或来自世界各地的公司的基金。你可以按地理区域进行投资，例如欧洲、亚洲、非洲，也可以选择特定国家投资，例如法国或德国。你可以按市场类别进行投资，例如金融、房地产或科技公司。你甚至可以找到投资发展中国家小型股票市场的基金。还有一些基金只以现金形式投资，它们可以借出比任何私人投资者更多的资金，从而获得更高的利息。

通过共同基金储蓄，个人储蓄者用相对较少的钱聚集在一起，创造了一个可观的投资总额。

投资成本

投资者在对市场上几乎所有固定利息投资的资金进行买卖时，都要支付佣金。但有一种例外情况。如果他们是在债券首次发行而不是在获得收益时投资，就不一定要支付佣金。而对于所有股票交易来说，投资者不仅要支付佣金，还要考虑到，股票价格对卖家来说会比买家更高。投资存款账户也会产生费用，尽管这些费用隐藏在利率结构中。

共同基金也要收取各种费用，包括佣金、年度管理费和营销费用等，了解这些费用是很重要的。一些基金同时收取这三项费用——最好避免这类基金。大多数基金对认购收取高达8.5%（通常在5%左右）的佣金和高达2%的管理费，有时会更多。还有一些公司不收取初始佣金，但在这种情况下，如果投资者在一定期限（比如5年）内出售股票，公司将向投资者收取费用。

投资者经常会忽视管理费的因素。对1000美元的投资而言，2%的费用可能看起来不算多，但这可能意味着每年会减少超过50%的股息。如果费用从资本中扣除，初始投资就会增加，第一年支付的20美元费用也会增加。

购买房屋、汽车及船只等都是导致人们贷款的常见原因。

慢慢致富：定期储蓄

定期拿出一部分收入用作储蓄是慢慢致富最简单的方法。如果你每个月投资一笔固定的金额，并且直接从你的银行账户中扣钱，你很快就会发现，这笔钱与你必须支出的其他定期付款差不多。

储蓄很快就会积累起来，并开始赚取可观的回报。此外，如果你的定期储蓄作为共同基金投入了股票市场，那么你将避免受股市短期交易不可预测的涨跌影响。有时你会在市场火爆的时候买入，有时你也会在市场低迷的时候低价买入，这都是可以相互抵消的。

借款

你可能想短期借款——几天、几周或几个月；或长期借款——10年、15年甚至30年。当你作为债权人借给别人钱的时候，你想得到的是安全感和回报。当你想借钱时，你的债权人也是如此。

人们可以在很多地方短期贷款。你可以通过银行（透支）或信用卡（每月偿还欠款）。

你也可以通过贷款协议从银行或金融公司借钱来购买特定的东西，比如汽车、船或家具。贷款协议要求你在规定时间内（通常1至5年内），分期偿还本金和利息。

在这种情况下，一个人可以借到的金额取决于他的信用记录。如果你没有信用记录，或者信用记录很差，你可能根本无法借款。贷方仅根据你的信用记录来评估其可能承担的风险。

对于长期贷款和大额贷款，贷款人将不仅仅依赖信用记录。他可能会想要一些有价值的抵押品，如果你拖欠贷款，他可以出售抵押品以收回资金。这里最明显的例子是你借钱买房，你的房子就是你的抵押品。

贷款成本

借钱是要花钱的。除了利息之外，有时你可能还要支付手续费。利率在贷款期间可能是固定的，也可能是可变的。没有还款日期的贷款利率通常是可变的；其他则通常是固定的。但放贷也是一项竞争激烈的商业业务，这意味着贷款的收费和利率具有竞争力。货比三家是必不可少的。你需要始终以年度百分比利率（APR）为基础比较费率。

高利贷

对于许多真正需要现金的人来说，如果他们破产、负债、失业或无家可归，他们就不可能从银行或金融公司获得贷款，但是有些个人和公司会"帮助"这些人。

他们就是以非法经营为常态、以过高价格提供贷款利率的高利贷者。那些绝望的人如果接受了一个高利贷者提供的100美元现金贷款，那么一个月后，他们就要偿还110美元。这看起来是一笔好交易，但是按年利率计算，利率则高达120％。到月底，很多人将无力偿还贷款。然后，他们不得不以同样高的利率借更多的钱，渐渐背上越来越多的债务。这样的贷款方式最好避免。

抵押贷款

抵押贷款通常用于购买房地产，是借款人作为贷款保证提供的资产。如果贷款人无力偿还，那么借款人就会得到这一资产的所有权。贷款人被称为承受抵押人，借款人被称为抵押人。

对许多人来说，买房是他们一生中最大的一笔金融交易，而他们的房子也将成为他们最大的一笔投资。很少有人有能力直接买房，尤其是在年轻的时候，所以他们会选择抵押贷款买房。

美国的抵押贷款市场非常大。贷方包括银行、储蓄机构和信贷协会、信用合作社、抵押贷款公司、房屋建筑商以及联邦和州住房

为退休做好储蓄

假如你是一位美国公民，在你退休后，社会保障福利只能给你提供退休前收入的40%，而大多数人需要至少70%才能继续过他们习惯的生活。针对18岁及以上想为退休储蓄的人，有专门的储蓄计划。很少有18岁的年轻人会考虑那么远，但你投入退休计划的第一笔钱是最有收益成效的，因为它可增值的时间限度最长。这种复合效应可以使18岁时存下的1000美元到65岁时变成15万美元。而60岁时存下的1000美元到65岁时不太可能增值到1700美元。

在退休计划中存下的钱比其他任何类型的储蓄都增值得更快，这是因为退休计划收入不会被征税。此外，用于退休计划的资金来源于税前收入。换句话说，它减少了你的税单。

退休计划是延税投资。你支付的金额不计入应纳税收入，不需要缴纳税款。用于投资退休计划的资金是免税的，因此增长更快；但如果你从退休计划中取钱，则需要缴纳税款。

所有退休计划均受1974年《雇员退休收入保障法》（ERISA）和其他立法的规定限制。其中许多规则很复杂。可以缴纳的数额、最高收入水平以及可以领取福利的最低和最高年龄都有限制。个人计划也有多种类型，其中最重要的是个人退休金账户（IRA）、401（k）计划和基欧计划（Keogh Plans）。几乎所有的退休计划都提供了可供投资的基金选择。

雇主计划

雇主可以根据《雇员退休收入保障法》的规定提供不同类型的退休计划，包括利润分享计划、储蓄计划、股票期权计划、简化员工养老金计划（SEP）和401（k）计划。

个人退休金账户

个人退休金账户适用于雇主既不提供退休计划也不提供退休养老金的雇员。符合条件的员工每年最多可为此类计划缴纳2000美元。

基欧计划

基欧计划有多种类型，但基本

提前谋划退休金能为晚年生活增添一份保障。

规则是适用于自由职业者，他们最多可以缴纳20％的收入，每年的收入限额为3万美元。

401（k）计划

401（k）计划是由雇主作为利润分享计划的附加部分提供的，雇主和员工都可以参与。当员工更换雇主时，他原先的401（k）计划依然适用。

退休税计划

虽然对这些计划的供款来自税前收入，并且在投资时是免税的，但这些计划的收益是要纳税的。其中一种特殊类型的计划，即个人退休金账户，提供免税福利，但有适用于它的特殊限制和资格。

其他特性

如果某人在退休前去世，退休计划可以为其子女提供保障，但在某些情况下可能需要缴纳税款。退休计划中的部分资金可以在60岁之前取出，但提前取出其他部分是要罚款的。有一种例外情况，就是为了孩子的教育或购买第一套住房，但可提取的金额也是有限制的。此外退休计划不得用作贷款的抵押品。

机构。市场规模之大和贷款机构之多意味着竞争非常激烈。至于金融市场中的其他东西，你需要货比三家，买到能满足你想要的所有功能且价格最优的东西。你可以去找专业人士——抵押贷款经纪人，他们会帮你完成一次满意的交易，但也会收取费用。或者你可能更喜欢自己货比三家，在这种情况下，你必须理解贷款人的需求是什么。

符合贷款资格

抵押贷款通常是非常长期的贷款，持续时间可达30年。贷款人希望确保借款人能够偿还贷款并支付利息，也就是说，如果借款人无力偿还贷款，那么贷款人可以拥有其抵押财产的所有权并将其出售，以补偿借款人的债务和其他费用。因此，你的房屋不仅要有和贷款金额一样高的价值，而且要比贷款金额价值更高，以防未来房地产价格下跌。

贷方通过三个标准来评估你支付利息和偿还贷款的能力。第一，你的信用记录必须是干净的。如果有人将你告上法庭要求偿还债务，你就很难再获得抵押贷款；第二，你的收入不仅要达到一定的水平，还要有合理的保障；第三，你提供的作为抵押品的财产价值必须高于你要贷款的金额，且状况良好以便于在后期出现问题时出售。大多数抵押贷款公司会要求由专业人士对房产进行调查评估。

在美国，抵押贷款基本上都是在贷款期限内连同利息分期偿还的。这意味着如果你有超过30年的固定利率抵押贷款，你每月的还款额将不会改变。每次还款的一部分是支付利息，一部分是偿还贷款。

在其他国家，偿还贷款可以与支付利息分开。在这种情况下，借款人每月支付利息，同时将一笔单独的金额存入某种形式的储蓄或投资账户。以这种方式累积的金额会在抵押贷款到期时被用于偿还贷款。

借款人的标准——资格预审

大多数贷款机构会在检查信用记录、收入和就业情况前，通过某种标准预审你的贷款资格。比如这个标准：如果你有能力支付房产价值的10%，贷款人就会把剩下的90%贷给你，前提是你的固定住房成本（贷款、利息、税收和保险的成本）不超过你税前月收入的20%。如果你有能力支付房产价值的20%，那么你的固定住房成本不能超过你每月总收入的32%。

此外，贷款人可能还想知道你每个月要还多少其他的贷款，例如汽车贷款、学生贷款或信用卡。这些加上你固定的住房费用，不

得超过你每月总收入的36%左右。资格预审意味着你将知道自己可以借多少钱，从而得知可以承受的最高房价是多少。

贷款公司有着非常高的利率，选择贷款公司通常是"没有办法的办法"，但一些人很难从银行或更有信誉的机构筹集资金。

抵押贷款条款

任何申请抵押贷款的人都面临着两个关键的抉择：贷款期限多长？选择固定利率抵押贷款（FRM）还是可调利率抵押贷款（ARM）？大多数抵押贷款的期限为15年到30年。期限越短，每个月要交的钱（月供）就越多。如果贷款时间越长，总还款额就越多。选择的期限长短不仅取决于自己的偏好和支付能力，也取决于其他因素，比如，你可能想要为退休生活积累财富。

固定利率抵押贷款意味着贷款的利率将在整个期限内固定，每个月要固定缴纳一定数额。如果设定的利率执行20年或30年，那么当利率下降，你就会吃大亏。如果利率上升，就能赚一大笔钱。重新协商抵押贷款条款是可行的，但也要付出一定代价。

可调利率抵押贷款意味着利率可以在抵押贷款期间改变。利率将与另一个基准利率挂钩，并与之同步上下浮动。然而，使用可调利率抵押贷款协议的人应该明确它是否能够对于贷款人调整利率的权限做出明确限制。例如，可能有一个"年度上限"，限制一年调整利率次数；或者"贷款期限上限"，规定在抵押贷款期限内，利率不能高于初始利率，比如6%。

利率的变化会对月供产生很大的影响。如果你在30年内借了10万美元，你的月供，包括偿还贷款和利息，将是600美元，利率为6%。如果利率上升到7.5%，你的月供是769美元。

为了达成交易，一些贷款机构会在头一两年提供较低的利率，这较低的利率被称为"诱饵"。你要当心贷款人在第一年之后会通过放更高利率的贷款来收回这一成本。

贷方服务费用

贷款人可以用百分点（点数）来表示他们的服务费用。一个点是你借款金额的1%，所以25万美元贷款的两个点将是5000美元。服务费用可以用作预先支付或添加到贷款金额当中。你需要弄清楚贷款人的服务费用具体包括什么。你可以用这笔钱支付管理费用、法律费用，以及评估和检查你的财产的费用。贷款人会有一些必须执行的其他要求，比如购买房屋保险、人寿保险，有时还需要购买抵押保险。

人寿保险

为房屋和生命购买保险可能是保证贷款人能够还款的一个条件。

尽管在美国一些州，人们必须购买汽车保险，但也可以为个人财产，包括房屋、宠物、商业和生活的其他方面投保。

在所有的保险中，人寿保险是最重要的也是最需要了解的保险，特别是当人们有家人，并且愿意为他们付出。人寿保险合同的基础是与保险公司达成协议，人们支付一笔保险费，如果承保人在承保期内去世，该公司将支付一个给定的总和（即保险金额）给你的受益人。这笔费用可能是一次性付清的或以分期付款的形式进行支付。

合同（政策）的制定也是基于人们向公司披露的信息，以及他们知道的任何可能相关的信息，这些信息将在合同中具体规定，例如任何健康问题或家族病史。

定期缴纳保险能够让许多人在以后的生活中一次性获得一笔钱。图为1949年伦敦，一名保险推销员向一名妇女收取保险金。

定期寿险和终身寿险

人寿保险有两种常见类型，它们之间的区别在于保险期限。这可能是一个固定的时期，比如10年。如果人们在10年内死亡，保险金额将得到支付。如果人们在10年之后去世，即使比10年多1天，也不会得到补偿。这种保险被称为定期寿险。

另一种选择是终身寿险。终身寿险规定，无论人们是在保单签发后的第一天去世，还是80年后去世，都会在过世时支付保险金。

定期寿险有几种类型。定额定期寿险指保险金额在保险期间内不变。人们也可以购买金额递增或递减的定期寿险。在保单有效期内，保险金额按规定数额在一定时间内增加或减少。

可续保定期寿险可以在保单到期后续签，而无须提供任何医疗证明，保费将按续保时的年龄计算。保单也可以根据单人人寿保险或联合人寿保险制定。后者是指在第一被保人死亡后，联合人寿保险就会支付保险金额给其他被保人。

房价一直以来总是居高不下，但是只要人们肯在不同的贷款机构和不同种类的抵押贷款之间货比三家，就会出乎意料地发现总成本能省下不少。

保费

人寿保险的保费取决于被保人的年龄、性别、生活习惯和健康状况，也取决于保险单的期限。一名30岁、不吸烟、不喝酒的女性想买一份5年的定额定期寿险，她所花的费用将低于一名40岁、吸烟、喝酒、在业余时间滑翔，并想买终身寿险的男性。一般来说，投保的人越年轻、越健康，保险费就越低。

其他人寿保险单

除了定期寿险和终身寿险，还有一些保险在合同中包含投资成分。这些保险的名称五花八门，比如万能寿险、永生寿险等。如果你在合同期内死亡，寿险会支付保险金额，但如果你活到合同结束，寿险也会支付一笔金额。

显然，这类合同的保费更高。而且，投资型保险是否为一种好的储蓄方式仍有待商榷。第一，你把投资的控制权交给了保险公司。一方面，也许你比人寿保险公司更擅长投资；另一方面，你也可能做不到。第二，其他储蓄方式可能比任何人寿保险的收益都好，比如退休计划。第三，人寿保险公司的收费往往很高。第四，如果你在保单期限结束前放弃，情况很可能会变得非常糟糕，因为保险公司为防范此类情况会对你进行罚款。

年金

年金是用本金购买的未来固定收入。年金有许多类型。大多数人购买年金是为了确保其余生收入。除非受到"保护"，否则无法收回本金。无论购买者（年金领取者）的寿命是合同生效后一天还是30年，未来都会有收入。与人寿保险一样，你可以购买一份单人年金，也可以购买一份联合年金。保费取决于年龄和性别。年龄越大，年金费用越少。除非年金受益人超过70岁且身体健康，否则买年金并不划算。但年金税一般有优惠。

受保护年金是指，如果年金合同的受益人在合同期内死亡，则返还全部或部分本金。考虑到生活成本的上涨，一些年金数额因此也会每年相应地增加。

货币市场和利率

在古典经济学中，货币被视为促进经济中商品流动的交换手段。然而，人们很快发现，货币本身也是一种商品，有它自己的价值和供求波动。货币作为商品的价值反过来催生了货币买卖市场。

对大多数人来说，"钱"这个词意味着纸币或硬币。然而，对经济学家来说，纸币或硬币只是"钱"作为一个总体概念而言的一小部分。度量货币并不是一门精确的科学，但经济学家定义货币的方式对一个经济体当中的货币规模有着深远的影响。

M1

从历史上看，货币一直是作为交换单位来流通的。狭义上来说，货币是"一种具有一定价值的钱币，可以作为两方之间的交易手段"。经济学家称这种货币计量为M1，其中包括纸币和硬币以及国际旅行者的支票。其中活期存款账户和其他账户中的现金流也包括在内，因为它们可以立即提取并使用。

M2

货币也被用作财富价值的储存手段。有效的国家货币可以作为国家财富长期储存。当一个国家经历速度过快或持续时间过长的通货膨胀时，人们就不太愿意以货币的形式存储他们的财富，货币也无法充当价值储存手段。一般来说，在三年左右的短期内，大多数货币能作为足够的价值储存手段。当货币的定义扩大到包括这种短期存储的价值符号时，经济学家称之为M2。衡量一个国家货币供应

金融期货

期货交易正成为一种越来越重要的交易形式。主要原理是，投资者把自己的钱押在一些商品之上（范围较为广泛的商品），在这些投资者看来，这些他们押上钱的商品将会在未来某个特定的日期升值（或贬值）。

早期期货

期货交易并不是现代金融业的新鲜事物。17世纪荷兰的郁金香球茎市场出现了"郁金香狂热"，郁金香当时在荷兰相当罕见，人们突然对这种花产生了某种狂热，种植者和育种者都迫切想得到外来的新品种。人们花费巨额财富在单个球茎上，据记载，当时一个球茎的售价为6000银弗罗林（Silver Florins），相当于一栋房子的价格。

1634年，一种类似于期货交易的市场形式出现了，在这其中，投资者投资种植的新品种球茎并不符合他们期望的价格。几年后市场逐渐崩盘，投资者们损失惨重。

货币值多少钱？期货市场的交易商必须预测未来某个特定时间里各种货币的价值。风险高，但回报也很高。

第一个发达的期货市场始于19世纪的美国。它的基础是人们预先以固定价格购买的小麦或猪肉等商品，并认定商品价格会在商品上市时上涨。而如今的期货市场则更加复杂。

期货交易现在以商品和货币为基础。金融期货始于外汇，投资者押注于汇率在某一天的涨跌。其次是基于黄金和美国国债价格的期货。

人们可能进行期货交易的原因有两个。一是投资者想通过投机货币市场的走势来获利；二是投资者想要保护自己的财富免受未来价格变化的影响。

期货怎样运作？

期货交易的一个吸引力在于，交易的全部成本不需要在合同订立时支付，只需支付一小部分预付款，称为保证金。因此，即使未来价值的微小变动也可以为购买合同的投资带来良好的收益。

它的工作方式是这样的。以一位英国投资者为例，他想在1月份买进100美元，但在6月份卖出。我们假设1.00英镑价值1.50美元，他将花费66.66英镑，尽管价格可能或多或少取决于市场的波动。投资者在最初购买时支付保证金，可能是总额的25%，其余部分在6月份收到100美元时支付。如果美元兑英镑汇率升高，美元升值，例如，1.00英镑等于1.30美元，投资者将获利。然而，如果在此期间美元兑英镑汇率降低，美元贬值，例如1.00英镑等于1.70美元，他将蒙受损失，这便是期货交易的主要风险。

新的期货市场一直在发展，例如美国国债、欧元兑日元、欧洲兑美元、日本政府债券、法国利率和日本的日经225指数。日经225指数是交易员尼克·李森（Nick Leeson）的败笔，他在新加坡国际货币交易所的交易中损失了14亿美元，这一行为直接搞垮了英国最古老的商业银行之一——巴林兄弟银行（Baring Brothers）。

保障措施

李森的行为是非法的，他将损失隐藏在秘密账户中，但在未来的主要交易所中，人们采取了几项保护措施来防止这种不正当交易发生。主要的期货交易所例如芝加哥期货交易所、芝加哥商品交易所、纽约商品交易所、伦敦金融期货权交易所（LIFFE）和法国金融工具交易所。他们不仅能够确保投资者提供保证金，而且可以确保交易公司必须向交易所支付保证金，从而规范交易。交易所的目标保持灵活性，因此，如果期货合约在到期前就已经盈利，就会返还部分保证金。如果合约亏损，则需要追加更多保证金。通过这种方式，投资者和交易所成员都能够充分履行他们的义务，防止乱象发生。

量的方法包括账户中的资金，这些资金即使不能立即用于兑换，也依旧可以快速调用出来。M2的定义包括M1以及银行定期存款账户，货币市场共同基金份额，以及在中央银行注册机构持有的存款。

M3

货币更普遍的定义是 M3。许多交易不再需要银行机构这个中间步骤。公司可以轻松地以电子方式将资金从消费者端转账给供应商端。货币作为一种实物可能不会轻易地几经易手，但财富额度会从一个银行账户中扣除，并转移到另一个银行账户上。在这种情况下，就需要一种可靠的记账方法，例如某种单位，它允许以一个单位（例如美元）对所有商品（可以以金额衡量的货物）进行估价。

经纪公司和保险公司为客户提供计息账户。这种账户的价值不会像股票市场投资组合那样每天波动。在这些机构持有的存款是以美元计价或计量的，它们不太会被用于交易。

除了 M2 中包含的货币形式外，M3 还包括计息账户这种流动性较低的货币形式，以及回购协议、国库券和机构持有的货币市场共同基金。

经济中的货币

一个国家的中央银行能够控制货币供应。它通过直接更改两个因素中的一个来实现目的。中央银行可以决定通过公开市场操作或贴现贷款来调整经济中的准备金和货币数量。在极少数情况下，它还可能通过控制存款准备金率来刺激货币供应，即银行存款与实际贷款的比率。

对于中央银行来说，仅通过操纵两个看似不重要的因素来影响一个国家的全部货币供应似乎不太可能。然而，在美国，美联储能够通过控制银行准备金来有效地改变货币供应量。

通过公开市场操作和贴现贷款来操纵银行部门的准备金数量，美联储可以控制银行来参与经济活动并以这种方法控制流向个人和企业的贷款金额。当银行的准备金较低时，他们能够发放的贷款就会减少，这会造成货币供应量的降低。相反，宽松的准备金政策使放贷更容易，货币供应量就会上升。这种政策工具也能够影响对流通中货币的需求。

货币需求

如果货币遵循供求关系的经济规律，那么"货币需求"是什么意思？货币的价格又是多少？这对于区分金钱和财富非常重要。举个例子，假设一位年轻女子刚刚获得了一大笔遗产。她必须决定的第一件事是持有多少现金，以及将多少钱用于储蓄。

如果她想消费，购买比如衣服、汽车或者房子这些商品，则必须以现金的形式掌握财富。然而，她也可以明智地将部分遗产储蓄起来，因为这笔钱可以为她带来合理的回报。因此，当她持有现金越多，本来可以贷款给别人而获得的利息就会变少。

大多数经济学家都认为货币需求受几个因素的影响。这些因素包括国民收入水平、通胀率、利率。经济学家对于货币需求与上述任何一个因素变化关系的敏感性有着不一样的看法。

一些经济学家认为，衡量货币供应的最佳方法包括交易的数量，如销售和购买，其中涉及现金。

货币贬值

货币贬值是政府为降低本国货币对另一种货币的固定汇率而采取的行动。它的执行可能作为一项方针决策，也可能影响该国的货币供应量和货币的市场价值。固定汇率下的货币贬值与浮动汇率下的货币贬值不同，在后者的情况下，由于投资者的买卖，一种货币对其他货币的价值下降。政府有意识让货币贬值，并宣布不再通过买卖外币来维持本币价值。

如果政府长期存在国际收支问题，也就是当进口成本高于出口收入时，政府就会贬值其货币。货币贬值的想法是通过有效降低海外客户的成本，增加进口成本来刺激国内市场，以及刺激出口需求。这项政策听起来很简单，但成功与否常常无法保证。

货币贬值是怎么运作的？

为了发挥应有的效果，一国的货币贬值需要国际社会的合作。如果其他国家也用自己有竞争力的估值来做出反应，这将使汇率恢复到以前的水平，那么货币贬值失败。各国间必须积极应对国外和国内的市场反应，通常来说，国家对贬值的最初反应是消极的，因为它代表经济出现了疲软的现象。

马歇尔－勒纳条件（Marshall-Lerner Condition），这个经济理论描述了货币贬值的影响。它假设出口所赚取的初始价值永远不足以抵消进口成本的增加，因此在短期内，国际收支会变得更糟糕。进口需求增长快于出口价值增长，而时间滞后产生了一种 J 曲线效应——必须在国际收支平衡重新调整之前完成货币的贬值。

为了使货币贬值发挥作用，有效的货币干预也是必要的。如果一个国家就业充足，就不可能增加产能来满足出口需求，因此就需要收紧国内市场。然而，为实现这一目标，增加的税收和利率也会引发通货膨胀。反过来，政府也可能提高利率，将海外资金留在国内，以此避免货币贬值。

不利的一面

货币贬值经常受到各种声音的批评，因为贬值的影响是短期的和暂时的。进口价格上涨会迅速提高国内通胀率，国内也会要求增加工资，如果满足工资增加，就会增加生产成本。反过来会带来更高的生产成本，由此产生的通胀螺旋将侵蚀贬值带来的好处。

此外，货币贬值只解决价格竞争力问题，另外，还有一系列非价格因素或多或少影响着一个国家是否能作为成功的出口国。

伦敦一家银行的金融交易员。银行是政府控制货币供应的主要代理人。

信用卡时代，通过信用卡获得短期信贷是20世纪经济的根本变化之一。

货币数量论

20世纪初，美国经济学家欧文·费雪提出了第一个计算经济体中货币数量的方程式，被称为"费雪方程式（Fisher Equation）"，该方程式基于这样的假设：所有交易都需要货币来转手。由于同一货币被多次使用，费雪认为，与其在任何时候计算货币数量，不如计算一个经济体中的货币流量或数量。这一理论被称为"货币数量论"。

凯恩斯

英国经济学家约翰·梅纳德·凯恩斯认为，货币的需求比计算一段时间内交易数量的简单函数更加微妙。凯恩斯认为，既然货币存在成本——即可能通过储蓄来获得利息——人们会觉得他们从持有金钱中获得了新的价值。这促使他提出了个人和公司持有货币的三种动机：交易动机、预防动机和投机动机

交易动机

在一个设定极其完美的世界里，公司和家庭将能够精确地把握他们的金融活动时间。想象一下，一家公司能够同步记录每月付款，并使这些消费记录在收到所有现金的同一天发生。它将不需要持有一分钱的现金。这样的公司可以计算出每笔销售赚取的利润，并将这些利润全部投入新的投资项目中。

一个英国的储蓄账户，银行支付的不同利率反映了活期存款账户的较低价值，在活期存款账户中，储户可以灵活快捷地拿到自己的储蓄。

Accounts available to new and existing customers (cont)															
Account Name	**Balance**	1/12/98 Gross %	19/12/98 Gross %	29/12/98 Gross %	25/1/99 Gross %	Gross AER %	1/3/99 Gross %	Gross AER %	24/5/99 Gross %	Gross AER %	19/7/99 Gross %	Gross AER %	8/10/99 Gross %	Gross AER %
EasySaver Account	Annual Interest £1+	-	-	-	-	-	-	-	-	-	4.60	4.60	4.80	4.80
First Save Account	Annual Interest													
16 years or under.	£5,000+	-	-	-	4.70	4.70	4.30	4.30	4.15	4.15	4.05	4.05	4.20	4.20
	£2,500+	-	-	-	4.60	4.60	4.20	4.20	4.05	4.05	3.95	3.95	4.10	4.10
	£1,000+	-	-	-	4.35	4.35	3.95	3.95	3.80	3.80	3.70	3.70	3.85	3.85
	£500+	-	-	-	4.10	4.10	3.70	3.70	3.55	3.55	3.45	3.45	3.60	3.60
	£250+	-	-	-	4.00	4.00	3.60	3.60	3.45	3.45	3.35	3.35	3.50	3.50
	£1+	-	-	-	3.90	3.90	3.50	3.50	3.35	3.35	3.25	3.25	3.40	3.40
Foxes Saver Account†	Annual Interest													
Gross rates include a bonus of 1% which is paid	£10,000+	5.75	5.75	4.45	4.15	3.15	3.75	2.75	3.55	2.55	3.40	2.40	3.55	2.55
annually when 3 or fewer withdrawals have	£5,000+	5.70	5.70	4.40	4.10	3.10	3.70	2.70	3.50	2.50	3.35	2.35	3.50	2.50
been made in the 12 month period prior to the	£2,500+	5.65	5.65	4.35	4.05	3.05	3.65	2.65	3.45	2.45	3.30	2.30	3.45	2.45
account anniversary. An annual affinity payment	£1,000+	-	-	-	-	-	-	-	3.00	2.00	2.85	1.85	3.00	2.00
of 1% of the balance of each account will be	£500+	5.20	5.20	3.90	3.60	2.60	3.20	2.20	2.80	1.80	-	-	-	-
made by Alliance & Leicester plc to Leicester	£10+	5.00	5.00	3.70	3.40	2.40	3.00	2.00	2.80	1.80	2.65	1.65	2.80	1.80
City Football Club plc.														
Filbert Fox Young Savers Account	Annual Interest													
An affinity payment of 1% gross interest on the	£5,000+	6.30	6.30	5.00	4.70	4.70	4.30	4.30	4.15	4.15	4.05	4.05	4.20	4.20
average balance held in all Filbert Fox Young	£2,500+	6.20	6.20	4.90	4.60	4.60	4.20	4.20	4.05	4.05	3.95	3.95	4.10	4.10

通常，付款和收入总是不同步的。员工必须每周、每两周或每月花工资进行必要的缴费。租金、水电费和税款都必须按月支付，而每次需要消费的金额和消费时间都是当下产生的。为了解决这个问题并防范不可预见的开支或突发情况，公司和家庭通常选择以现金形式持有部分财富。

随着财富的增加，人们倾向于花更多的钱。凯恩斯认为，财富的增加会导致消费需求的增加。凯恩斯还指出，将财富从投资转换为现金的成本也会促使人们把钱留在账户中。由于大多数银行对"空头支票"的所有者会收取巨额罚款，人们还是更多地选择保留现金，而不是冒着透支的风险进行各种消费。

数字的重要性。日本证券交易员工查看证券交易活动。

日本证券交易员在显示器前跟踪证券交易活动。

技术的变化

技术进步和放松管制的银行业改变了人们对货币的交易需求，美国的银行开始对活期账户提供每日利息。

透支保护也是许多金融机构的常见服务，它允许人们减少对交易资金的需求。自20世纪初以来，最重要的变化是信用卡的出现。维萨（Visa）或万事达（MasterCard）等信用卡能够起到透支保护的作用，减少了人们持有过多现金的风险和负担。

预防动机

为了减少交易对货币的需求，经济金融领域的参与者必须知道他们所有交易的日期。然而通常情况下，这一点很难做到。比如，如果礼物是通过电话订购的，那么礼物的送达日期和账单日期都将是未知的。

公司为客户提供服务时，它不知道能否按时收到付款，甚至不知道能否收到付款。为了不负债，客户必须有现金"缓冲"。凯恩斯认为，未来交易的不确定性是货币需求的第二个来源。他将其称为预防性需求。

投机动机

凯恩斯认为，人们对货币需求的前提是持有现金的机会成本是合理的。由于持有现金的机会成本就是利息，所以机会成本与利率密切相关。例如，如果利率是6%，那么贷款100美元一年的利润，以及持有这100美元而损失的收益，是6美元。如果在贷款后，利率上升到8%或更高，额外的利息收入将不算在机会成本中，所以以固定利率贷款有风险。

期权

期权是最重要的金融交易形式之一，也是购买股票的另一种形式。期权投资者实际上并不购买股票，而是通过购买期权来买卖股票。投资者花钱购买（称为"看涨"期权）或出售（称为"看跌"期权）股份，股份数量已由双方商定。价格是预先定好的，并指定卖出或买入的日期。基本原则是：买入期权后，投资者或投机者能获得高收益，以高风险换取高回报，但初始资金很少。这桩生意虽然听起来很吸引人，但其实非常复杂。而且为了使经销商的利润最大化，价格都是固定的。第一种期权是股票期权，股票期权是19世纪伦敦证券交易所发明的一种交易方式。如今，期权包括购买债券、外币甚至股票市场指数。主要的交易中心有芝加哥的美国证券交易所和期权交易所、伦敦的国际金融期权期货交易所（LIFFE）以及阿姆斯特丹证券交易所。

期权交易

如果股票或货币价格上涨超过最初商定的价格，投资者可以行使看涨期权，以最初商定的价格购买股票，然后卖出以获利。投资者通常从向出售他期权的交易商那里拿钱，这样两者都可以避免支付购买和出售股票的佣金。

另外，如果股票价格低于最初商定的价格，投资者可以行使看跌期权，以最初商定的价格卖出股票，然后买入以获利。

与大多数金融交易不同，期权交易商始终承担着最大的风险。买方仅受限于期权的成本；但是，如果交易商面临看涨期权，则可能遭受巨大损失。如果签订了合同，即使后来股票价值上升到20美元或500美元，交易商也必须按照合同例如以1美元的价格出售股票。就看跌期权而言，损失最大为股票的原始期权价格。

期权交易并不简单，涉及许多不同的因素。长期投资时，股票价格可能波动，而短期期权价值较为稳定，因此长期投资的风险通常高于短期期权。另外，新公司，比如互联网公司，可能会在短时间内实现高速增长。这种情况下可能选择看跌期权。这就是期权交易商被比作赛马场赌徒的原因：相对较小的投资可能获得高额回报。

芝加哥商品交易所的交易大厅，该交易所是世界上最重要的期权交易所之一。

凯恩斯还认为，人们愿意以货币形式或者存款形式保持一部分财富，而不愿以实物资本形式保持财富。他提出了一个理论：人们不想固定所有资金的回报，人们愿意承担一定的风险获得更高的回报。他把这种现象称为投机性需求或货币的流动性偏好。人们看到了货币需求对利率的敏感性。人们会对未来的利率进行推测，相应地权衡投资决策。

该理论表明货币需求与利率之间存在负相关关系。如果利率很高，人们和公司就不会担心损失额外的利息，因此他们会把更多钱用于投资。

利率

大多数人首次开通储蓄账户时，会第一次碰到利率这一概念。

大多数人需要借钱上学或买车买房，这些贷款大多都有利率。利率在决定经济体实力强弱方面有着重要的作用，对国家的就业和出口也有深远的影响。

货币的价格

由于货币成本是通过借贷获得利息而放弃消费所产生的收入，大多数储户可获得的平均利率（现行利率）与货币成本息息相关。如果活期存款也能赚取利息，那么货币的价格就是活期存款和定期存款的利率差。

固定利率

确定现行利率有很多步骤。美联储在控制货币供应量时，可以调整向银行收取的隔夜利率。调整隔夜利率会影响现行利率。此外，

现值公式

假设一个储蓄债券每年收益100美元，那么这张债券当下值多少钱？显然，债券的现值取决于将钱存入银行或借给朋友赚取的收益。让我们看看现行利率为每年4％、6％和8％的三种情况。

公式

现值公式看起来很复杂，实则非常简单：

$$PV = \frac{FV}{(1+i)^n}$$

PV 是现值，FV 是未来的现金总额

i 是以小数表示的利率（如果利率为6％，i 就是0.06），n 是周期或年数。如果利率为零，则分母为 $1+0$，即1，现值等于未来现金总额。

在我们的例子中，使用三个不同的 i 值，100美元债券的现值是：

利率	现值
4％	96.15美元
6％	94.34美元
8％	92.59美元

随着现行利率上升，债券的现值下降。利率越高，相比于等待债券到期折现，每年通过投资获取的收益比债券到期折现更多。凯恩斯认为，当货币成本，即利率增加时，人们不大愿意把钱留在自己手上。如果利率上升，投资者也不会选择持有固定收益资产，因为将钱拿去投资显然获利更多。

供给和需求也能决定利率。

假设经济意外增长导致货币需求增长。如果现行利率保持不变，货币成本变低，就会有许多人贷款。额外的货币需求导致银行以更高的利率提供更多货币，以推高货币成本。在人们希望持有的货币量与美联储的目标供应量持平之前，利率会一直上涨。相反，如果货币需求突然下降，在现行利率下，货币成本就会过高。银行为说服人们贷款，不得不降低利率。利率回落并达到新的平衡。

在没有通货膨胀的情况下，也就是货币供给等于需求时，货币的现行利率即为市场出清价格。这就是名义利率。如果市场出现通货膨胀，就必须区分实际利率和名义利率。

在没有通货膨胀的情况下，100美元的债券显然比存在通货膨胀时更有价值。实际利率等于名义利率减去通货膨胀率。

由于公司通常无法确定付款或收款的时间，因此公司需要在某些时间段持有大量现金。国际货币市场允许企业获取或借出大量资金作为固定收益证券。固定收益证券是承诺在一定时期内支付固定回报率的投资，包括债券、存单、存款和抵押贷款。

债券

债券是一种特殊类型的固定收益资产，是在约定好的未来某一时间支付一定金额的一种承诺。债券通常由有形资产或安全收入担保和支持，确保提供一种抵押或资金来偿还债务，债券由此得名。

债券具有特定的成本、利率、到期日、面额和支付货币。债券由两个部分组成，一是到期时债券的面值；二是票面利率，即债券存续期内的应付利息。

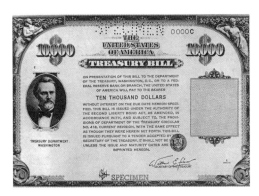

10000美元的美国国库券。它刻有1877年至1881年财政部部长约翰·谢尔曼的肖像。

垃圾债券

　　垃圾债券是一个流行但带有贬义意味的词，一般是由公司发行的高收益债券，这类债券信用等级低，但承诺高回报。此类债券的收益率通常比国库债券高很多。但高收益率的代价就是，这类债券比政府债券或低收益公司债券风险更高。

　　20世纪70年代，垃圾债券市场在美国出现并不断发展。德崇证券公司（Drexel Burnham Lambert）及其员工迈克尔·米尔肯（Michael Milken）极其推广垃圾债券，米尔肯还因此被称为"垃圾债券之王"。高收益债券此前就有，但当时市场较小，仅有少数投资者愿意承担风险。对风险和收益的分析表明，许多投资者承担的高风险换来了超乎想象的收益——换句话说，他们的大部分风险投资很成功。正因如此，垃圾债券行业在20世纪80年代萌芽并发展壮大。到1986年，垃圾债券总发行量约为324亿美元。

接管和收购

　　美国流行垃圾债券的原因是它们可以用高杠杆收购企业并为管理层收购筹集资金，还可以筹集资金以对抗收购。高杠杆意味着用于收购的资金是通过发行债务的形式获得的。在欧洲，特别是在英国，此类资金通过"中间融资"而非垃圾债券筹集。这就涉及通过银行以高利率借入无担保贷款。

　　垃圾债券和中间融资为小公司接管大公司提供了一种途径，在收购具有多元化商业模式的大公司时特别有效。20世纪80年代的大部分公司重组中，集团的部分资产被出售以偿还债务——这一举措也被称为资产剥离，而核心业务再次得到融资。

　　举个例子，1990年霍伊莱克（Hoylake）财团试图收购英美烟草公司（BAT）。尽管BAT最初的业务是烟草贸易，但它的业务多元化涉及零售和金融服务领域。尽管恶意收购失败，但它迫使BAT进行重组，并再次将精力集中在核心业务上。小公司也可以通过发行高收益债券获得融资。许多小型和成长型公司根本就没有足够长的时间来获得足够信用，信用缺失使小公司很难通过传统方式筹集到他们所需的资金。

跌落神坛

　　然而，在20世纪80年代后期，垃圾债券开始出现问题。首先，美国证券交易委员会开始调查德崇证券公司。其次，迈克尔·米尔肯因内幕交易并从普通投资者不知情的信息中获利被指控定罪。德崇证券公司于1990年破产，而通过交易活动积累了巨额个人财富的米尔肯被处以巨额罚款。这些事件都表明，垃圾债券市场的第一阶段已经结束。

垃圾债券的复兴

20世纪90年代，由于低通胀和低利率鼓励公司寻求低成本融资，高收益债券再次流行起来。同样，投资者也在寻求比高信用公司或美国国债收益更高的途径。

欧洲的情况

在欧洲，尽管垃圾债券市场确实存在，但与美国相比，欧洲的垃圾债券市场并不发达。因为欧洲有许多更受欢迎的替代方案，其中就包括夹层融资和高收益政府债券。在英国，夹层融资是一种筹集资金的方式。而高收益政府债务就是投资者可购买西班牙、希腊和意大利政府债券。

1989年，垃圾债券之王迈克尔·米尔肯在发表演讲。米尔肯因欺诈和敲诈勒索而被定罪，他也是电影《华尔街》（*Wall Street*）的原型人物。

人们都说是发行人"写了债券"，实际上是写了一份承诺书，保证在列出的条款和条件范围内可偿还债务。债券主要由政府或公司发行。美国政府发行不同期限的债券。

国库券

美国的短期国库券是美国财政部发行的、期限为3个月至1年的短期债券。债券的具体期限为91天、182天、9个月和1年。前两种债券每周出售，其余两种债券每月出售。

美国财政部不为债券定价。因此，美国财政部必须正确衡量投资债券的净现值。更准确地说，美国财政部会将这些债券拍卖。投标人愿意支付的价格会被用来计算国库券的实际利率。

美国国库券是全球货币市场很受欢迎的金融工具之一，因为它有极高的流动性。很多国家的中央银行、私人银行和其他贷款机构能在购买和出售美国的短期国债时，完全相信美国财政部会在到期时偿还债券。

由于美国的通货膨胀率是工业化国家中较低的，国库券在三个月内提供一种特殊的保值手段，这是决定一国货币的主要考虑因素之一。可以合理地说，美国国库券是世界货币市场的主要货币。大多数美国政府债务都以国库券的形式持有，期限在1年到10年之间。国库券实际上不是债券，但通常可以作为债券进行交易。

各级政府债券

美国的其他各级政府也发行债券，州和市政债券都在二级市场上交易。它们大多是用于支付新投资（如道路或其他建设项目）的长期投资工具。与从贷款机构借钱相比，市政府通过发行债券可以以更低的成本摊销主要资本投资。对于大型项目，银行通常不愿意处理全部贷款，但是通过发行债券，政府可以将项目的风险分散给其他投资者。

如果项目超出预算，或者管辖区没有达到偿还债券所需的税收水平，对经济的影响就会波及大量投资者。

公司债券

大公司也发行债券。一家在全球证券交易所上市的公司，为了进行大规模扩张或开始新的创业，就需要大量资金。这样一来，该公司就需要进行抉择，采取恰当的措施来进行融资。公司所面临的选择是发行债券或出售更多股票。

当发行新股票时，公司股票价格下跌，现有股票持有者就会赔钱。此外，新项目产生的利润要在更多股东中分配。发行债券可以使公司在不稀释所有权的情况下为耗资巨大的项目筹集资金。

债券利率

债券的利率与发行人兑现债券条款能力直接挂钩。美国政府债券的实际利率最低，因为它们比公司债券更安全。很多投资者或债券分析师相信，美国政府借的钱一定会按时偿还，分毫不差。

公司必须支付的、高于美国政府债券的利率称为风险溢价。风险溢价的大小反映了投资界对一家公司长期稳定与否的看法。如果一家公司的还款历史较短或还款记录不佳，那么它将需要通

政府没有足够资金支撑像洛杉矶机场这样的重大项目。相反，他们通过发行债券来融资，从而使项目在整个债券周期内能得到支付。

过提供更高的债券回报率来为投资者提供额外的刺激。众所周知，如果一家公司多年来按期付款，或每年都有良好的利润记录，那么这种公司就不需要那么大的风险溢价来确保同一类型的债券能够有良好的市场。

风险溢价还会受到用作抵押的资产质量影响。一家公司用价值4000万美元的纽约办公楼抵押1000万美元的债券，其风险溢价将远低于用一批老旧卡车担保的类似规模的债券。

垃圾债券

没有资产支持的债券被称为"垃圾债券"。这些债券与发行该债券的公司一样，风险极高。当一个公司试图收购另一家公司时，垃圾债券通常被用来筹集资金。

如果投资者认为目标公司股价过低，他们会愿意购买垃圾债券，因为他们认为收购会提高该公司的股票价格，从而偿还购买垃圾债券的费用。

风险评估

为了准确判断一家公司——甚至一个国家偿还债务的能力，投资者会向债券机构求助。像穆迪或标准普尔这样的评估机构，会仔细分析债券发行者的历史以及其当前财务状况。

评估机构会为该组织做出财务预测，并对其财务状况进行评级。该评级可以采用字母的形式，从 D 级（最差）到 AAA 级（最好）。

专业人士在投资时会密切关注债券评级。一家公司的债券评级下调，可能会带来数百万美元利息费用。货币市场的标准做法是将私人公司的债券评级限制在与其所在国国债评级相同的水平。这就给政府增加了负担，因为政府需要为刺激私人投资承担责任。

评估债券

一张债券的面值一般为100美元。大多数债券都有息票。因此，最开始的时候，债券都按面值进行交易，也就是所谓的"按面值"（at par）交易。像美国短期国库券这种没有息票的债券，就以折扣价或低于面值的价格出售。高于面值交易的债券被称为溢价交易。一旦进入二级市场，息票债券和非息票债券的价格都取决于现行利率。

如果美国财政部或像微软这样的大公司，以当前利率（例如6%）发行一年期债券，投资者会以票面价值购买债券。如果利率上调到8%，投资者也能够购买其他债券，但要以8%的利率购买。

原始债券的价格必须比其面值更优惠，直到其现行价格等于新发行债券的现行价格。相反，如果利率下降，下降到4%，那么投资者将更愿意购买原始债券，而不是以较低利率发行的债券。因此，投资者将支付溢价来持有原始债券，原始债券的价格将上涨。

欧元和欧元标志（€）。欧元是欧盟新发行的共同货币。欧元诞生的最初几年，它仅作为交易和交换工具而存在，而非人们可以消费的纸币和硬币。

债券期限

现有债券距离其发行人偿清本息的时间被称为到期期限。由于债券具有一个预定的存在时间，因此其期限会随着剩余时间的变化而变化。6年前发行的30年期债券的期限为24年。债券价格应等于新发行的同利率24年期债券的价格。

债券到期时收益率的变化被称为债券的期限结构。

收益率

由于收益率是所有固定收益证券最重要的部分，债券分析师需要借助工具来分析债券收益率随时间变化的趋势。通过在图表上标记不同期限的美国债券收益率，并将这些点连接起来，分析师就可以绘制出收益率曲线。

收益率曲线与固定收益证券的短期和长期收益率之间的关系类似。良好的收益率曲线在前3年适度上升，在第5年左右达到峰值，

收益率曲线

收益率曲线表示资产（例如国库券或债券）的年回报率与资产有效时间长度之间的关系。长期资产通常比短期资产利率更高，因此受益曲线呈现上升的趋势。

图1显示了1999年12月美国财政部出售的各种资产的收益率曲线。3个月期和6个月期国债的利率分别为5.39％和5.56％，而30年期国债的收益率高达6.41％。该曲线在短期债券中区别较为明显，在长期债券中差异较小，曲线较为平缓。由于利率随时间变化，收益率曲线也会变化显著。

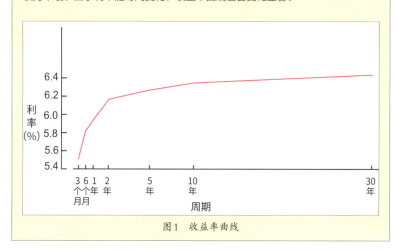

图1 收益率曲线

然后在接下来的25年趋于稳定，甚至逐渐下降。

这种收益率曲线印证了经济学家的观点，即人们不喜欢冒险。因此，在贷款谈判时，大多数公司会回避非常短期或非常长期的协议，而希望签订持续3到5年的协议。

这样的时间跨度不仅足够公司计划生产和渡过难关，也为重新谈判未来利率提供了空间。收益率曲线上的峰值显示，公司更青睐3到5年的合同，并愿意为这种合同支付额外费用。

一条高速公路蜿蜒穿过意大利南部。意大利高速公路是第一个由欧洲债券投资的公共项目。

然而，绘制出一个国家的经济表现和收益率曲线之间的持久关联十分困难。一般来说，急剧上升的收益率曲线表明市场预期短期利率会上升。市场观察人士预计未来借贷成本将上升，因此将放缓投资。这通常表明可能即将出现通货膨胀或经济衰退。

支出模式

政府，就像公司和家庭一样，有两种截然

不同的支出模式，即短期支出和长期支出。有些短期支出是持续支出，但我们还是根据其性质将其理解成短期付款。例如，一个家庭每月都要支付电话费。同样，政府每两周都需要给其雇员发放工资。试想一个家庭为明年6月的电话费做预算，或者政府计划未来6年所需要发出的工资该多浪费时间和精力啊。

相反，有些支出本质上是长期的，最好用较长的时间分期支付。例如，一般人很难甚至根本不可能立即全款买一辆汽车或一套房屋。同样，政府也不可能一次性支付修建像图书馆或飞机场这样主要市政设施的费用。相反，政府会规划设施的使用寿命，并将所需成本分摊到这段时期的不同时间支付。通过分摊支付，政府还可以将项目的成本与其预期收益相匹配。这样的支付方式更加公平，因为从新图书馆或机场受益的每个人都分摊了部分支付费用，其中包括人们所交的地方税或使用特定设施的费用，例如通过桥梁和公路所收取的费用。现在人们越来越多地通过电话或互联网来完成这项业务。

外币债券

外币债券可以用他国货币支付。例如，法国3％年利率的5年期债券，最后可以用加拿大元偿还。美国机构发行的几乎所有债券都以美元支付。

世界上最大的国际货币市场是欧洲债券市场，世界各国的投资者在此交易债券，并大多以美元支付。欧洲债券市场的诞生仅仅在几十年前，即20世纪下半叶。第二次世界大战结束后，欧洲开展战后重建，因此欧洲的许多国家和大公司需要大量美元。

即使是以本国货币发行债券，其所得资金最后也会被兑换成美元，所以公司干脆放弃发行以本国货币计价的债券，转而发行以美元

摇滚明星债券

公司债券有多种形式，其中音乐家大卫·鲍伊（David Bowie）于1997年推出的债券是最创新、最独特的债券之一。鲍伊债券融资总额为5500万美元，15年期限，利率8%。虽然鲍伊是第一个发行债券的摇滚明星，而且该债券为此被视为高风险，但实际上保诚保险公司（Prudential Insurance Corporation）买下了整个项目。

歌曲的安全性

与大多数公司债券一样，鲍伊发行债券有其资产的支撑。然而，对于鲍伊债券来说，他的资产与大多数公司拥有的传统资产，如房产、工厂或机器并无区别。鲍伊的债券资产是他300多首歌曲的版权和未来这些歌曲的授权费。

鲍伊的优势在于他不必放弃对歌曲版权，因为15年后，歌曲产生的版税收入将完全归还给他本人。他发行的债券只是在债券发行期间，将歌曲带来的收入分红给债券持有人。如果歌曲的收入比需要支付的利息还多，那么盈余也属于鲍伊自己。尽管鲍伊需要在15年后向投资者归还5500万美元，但在这期间，他可以用这笔资本进行投资来获取收益。

从鲍伊的开创性债券发行之后，其他摇滚明星也用同样的方式发行债券，用他们未来的收入作为抵押资产。到后来甚至发展到其他明星如运动员、作家或艺术家等也纷纷跟风效仿。

计价的债券。1963年，第一个接受以美元计价的债券是意大利工业复兴公司（IRI），它为高速公路的修建筹集了1500万美元。

投资者和公司很快发现了在伦敦购买和发行美国债券的优势。首先，公司能免受国内货币贬值的影响；其次，欧洲债券不受美国监管，因此利率会略高；最后，根据当地税法，欧洲债券的利息收入能免交所得税。

货币市场上的参与者希望投资能毫无风险，但只有高风险的投资才能产生高收益。

随着世界市场日益趋同，欧洲债券已经失去了其三大优势，相反持有美国国债更加便利。但欧洲债券市场还是为世界带来了长期的成果，大型金融交易所涉及的复杂的监管和会计程序就是在那时形成的。

欧洲债券市场仍然是政府和大公司筹集资金的最大市场。债券发行人也可能是多国组织，例如欧洲投资银行、世界银行、欧盟等。主权国家或地方政府也能发行债券，例如加拿大的安大略省。

货币投机者借助国际交易汇率的波动，在特定时机买卖大量货币，并以此获利。

欧洲债券现在已成为指代债券票面金额货币为其他国家的货币，而非发行国家当地货币的债券。在个别市场，债券还有更多种多样的绰号。在英国，债券也叫"斗牛犬"，在美国称为"洋基队"，在荷兰称为"伦勃朗"，在葡萄牙称为"航海家"，在西班牙称为"斗牛士"。

在日本，债券的绰号更为独特。非日本组织发行的日元债券称为"武士"，日本组织发行的非日元债券称为"幕府将军"或"艺妓"。由日本借款人发行并针对日本投资者的欧元债券通常被称为"寿司"。

存单
另一种大型货币市场是私人办理的可转让

定期存单（Certificates of Deposit 或 CD）市场。公司通常会在短期内拥有大量现金，如果存入活期存款账户，则利息微乎其微。一些公司意识到这还不如购买国库券获得的利息。

为此，银行开始发行可转让定期存单，让企业从短期储蓄中赚取利息。它们的作用类似于息票债券，但通常以 1 年期 100 万美元的面值出售。因为银行签发的存单主要是给他们最有价值的顾客们，因此利率可以协商确定。一旦写入，存单就可以完全转让，从而在二级市场上进行交易。当然，特定银行的声誉往往是决定利率的重要因素。

剥离债券

剥离债券也被称为零息债券。交易商从债券中去除或"剥离"息票，从而创造出一种附带债券。交易商通常先购买大量美国政府债券或其他优质债券，剥离本金和利息，然后分别以大折扣出售息票和债券本身。许多市场参与者购买这类债券，希望利率下降，从而增加他们所持债券的价值。这就是一种投机。

精明的投资者有时会注意到债券在一个市场的价格高于另一个市场。买进低价债券，然后在高价市场卖出，很快就能获利。经济学家称这种做法为套利。套利交易通常依赖于不同市场价格变动之间的短期延迟。许多金融机构在电脑配置上投入巨资，为的就是争分夺秒，让经销商比竞争对手快人一步收到价格变化的消息。

通货膨胀和通货紧缩

对于大多数经济体而言，通货膨胀目前被视为头号公敌，但通货紧缩则并不常见。那么什么是通货膨胀？为什么它被认为是一个主要的经济问题？通货紧缩会引起与通货膨胀相同的问题吗？又是什么导致通货膨胀和通货紧缩？

通货膨胀是一个整体物价稳步上升的过程，影响就是造成货币贬值。另一方面，通货紧缩则是物价整体下跌的过程。经济学家认为通货膨胀和通货紧缩都不是完全可取的，但也有人怀疑是否存在一种情况，可以同时避免两者的发生，也就是实现零通货膨胀。

1993年高通胀时期，俄罗斯人需要一大把卢布才能购买一个冰激凌。

负面影响

通货膨胀有许多负面影响，包括削弱储蓄的实际价值和固定收入的购买力，其中可能包括养老金或固定收入投资。通货膨胀使企业难以预测未来业绩；一些经济学家认为，因为通货膨胀会使利润变得难以预测，从而会对投资形成阻碍。通货膨胀还会使一个国家的出口产品在国外市场的售价显得相对昂贵，损害国际收支平衡。为了应对通货膨胀，企业会努力削减生产成本，因此往往会引发裁员。

如今，许多经济学家认为通货膨胀的主要问题在于对经济中资源配置的影响。他们认为，生产商对价格上涨的反应是要生产更多商品，来赚取更多利润。如果价格的上涨不是因为需求增加，而是因通货膨胀引起时，生产过剩就会导致资源分配效率低下，并生产出一些没人想要的商品。

虽然通货紧缩导致国民产出下降的情况非常少见，但这也是通货紧缩引起的问题之一。由于价格下跌压低了企业利润，失业率通常会出现上升。尽管消费者一开始会从价格下跌中获益，但央行会采取措施控制货币供应，最终可能会导致价格下跌和利率上升的螺旋式衰退。

头号公敌

20世纪90年代，美国民众和政府一度将通货膨胀视为最严重的经济问题之一。然而在成功维持了20年的物价稳定后，今天的政策制定者们看似正在取得抗击通胀的胜利。虽然美国政府现在处于低通胀环境，但他们对过去的通胀依然有着非常强烈的担忧。一项对1996年新闻报道的分析表明，在过去的20年里，媒体上出现了大约87.2万条关于通货膨胀的内容。第二大经济问题是失业，出现了60.3万次。在20世纪60年代初期，通货膨胀率处于低位。但在进入20世纪70年代后，美国因为越南战争导致支出增加，对经济需求构成了冲击，加上石油供应危机的爆发，通货膨胀就成为"头号公敌"。

不同行业中的物价上涨

对通货膨胀的综合衡量，不可避免地倾向于给人这样一种印象：总体而言，每当出现通货膨胀，价格就会不间断地、统一地上涨。因此，个人消费者的总体成本也会随之上升。然而这其实是一种误导。即使在普遍通货膨胀时期，不同的行业也会经历不同的通货膨胀成本。这些变化的比率通常是由不同行业的外部压力引起的。例如，由于制造商之间的竞争加剧，或者某些材料的成本降低，甚至会导致一些商品的价格出现下降。在图2中，这些项目也包括了服装和新车。其他商品的价格可能会以远高于平均通胀率的速度上涨，其中最常见的例子就是房地产的价格。

能源是代表商品价格急剧上涨和下跌的一个典型例子。只有利用消费者物价指数（CPI）等指标，将各个行业领域的涨幅综合起来，才可能得出通胀的平均数字。

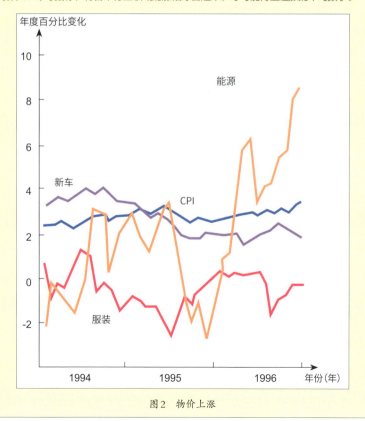

图2　物价上涨

自20世纪80年代以来，美国的通货膨胀率一直低于5％或6％，处在一个低位且相当稳定。在这种情况下，公众就不会真正认为通货膨胀是一个问题。许多经济学家也认同，低水平的通货膨胀如果不能避免，只要能帮助维持经济增长，也是值得的。虽然通胀有负面效应，但经济学家还是认为通货膨胀是不可避免的。例如，凯恩斯主义是接受通货膨胀存在的，并认为只要政府出手进行调控就不会出问题。直到20世纪60年代末和20世纪70年代初，当通货膨胀达到两位数时，支持这种论点的声音才慢慢减弱。

通货膨胀意味着什么？

通货膨胀已经超越了经济学的范畴。耶鲁大学经济学家罗伯特·席勒的一项调查显示，美国人不仅会从经济角度看待通货膨胀，还将其视为社会价值观变化的指标。许多公众认为通货膨胀破坏了美国的职业道德和储蓄与消费之间的平衡。约翰·梅纳德·凯恩斯批判了这句对储蓄有着道德强调意味的老话——"为明天奋斗，不要为今天奋斗"（jam tomorrow and never jam today）。政治家这种本身就要与人民意愿保持一致的角色，就要在人民的期望和经济学家的建议之间取得平衡。

定义问题

通货膨胀和通货紧缩的定义有很多种，但大多数人认为通货膨胀就是物价上涨，而通货紧缩就是物价下跌。换句话说，大多数人认为两者是对立的。这的确也是事实，但这样的观点是具有误导性的，因为当一个经济体在经历通货膨胀时，并不是所有商品的价格都会上涨，而通货紧缩期间也不是所有价格都会下跌。

计算物价指数

简单来说，假设一个普通家庭的全部年收入只花在食物、衣服和电力这三种商品上。你也可以扩展计算的范围，包括其他住房、交通、医疗保险等各种支出。

我们进一步假设，服装占支出的40％，食物占50％，而电力占剩余的10％。每个项目的价格指数在第一年（基准年）的值为100美元。每个项目的价格指数乘以它的权重，会得到一个加权指数值。然后将所有加权指数值的总和除以权重总和，得出价格指数的总体价格。

利用以上的假设我们可以构建出表1。请注意，商品的价格指数都是假定的，仅用于解释说明。

表1 计算物价指数

第一年			
	原始价格（美元）	价格指数（美元）	权重	加权指数
衣服	50	100	40	（40 x 100）= 4000
食物	120	100	50	（50 x 100）= 5000
电力	20	100	10	（10 x 100）= 1000

总体价格： $\dfrac{4000+5000+1000}{40+50+10}=100$ 美元

第二年			
	原始价格（美元）	价格指数（美元）	权重	加权指数
衣服	55	110	40	（40 x 110）= 4400
食物	90	75	50	（50 x 75）= 3750
电力	40	200	10	（10 x 200）= 2000

总体价格： $\dfrac{4400+3750+2000}{40+50+10}=101.5$ 美元

即使在通货膨胀严重的时期，有些产品价格也会下跌，而在通货紧缩的时期，有些产品价格也会上涨。因此，将通货膨胀和通货紧缩视为平均价格水平的变化更为贴切。每年平均价格水平的百分比变化称为年通货膨胀率。

衡量通货膨胀和通货紧缩

虽然通货膨胀和通货紧缩被定义为平均价格水平的变化，但也不可能衡量一个经济体中的所有价格。试想一下，美国每年会生产数十亿件产品。要想在一个月甚至一年的时间里测量完所有商品价格的变化，基本上是不可能的。

即使可以测量经济中所有商品的价格，我们也不一定能准确地推断出受到价格变化影响的平均水平。因为我们并不会受到所有价格变化的影响，除非我们消费掉了所有生产出来的产品。比如，如果我不吸烟，我就不会受香烟或雪茄价格变化的任何影响。

判断影响

还有一个问题，一些商品在总支出中的占比高于其他商品，那么这些价格的变化对消费者的影响将比其他商品更大。

例如，面包是经常购买

消费者物价指数基于日常商品采购的总和。

表2　1913—1999年消费者物价指数	
全部项目加和为100.0%	相对权重
食物	16.4%
住房	39.8%
服装和保养	4.8%
交通	17.0%
医疗	5.7%
娱乐	6.1%
教育和通信	5.5%
其他商品和服务	4.6%

的必需品，如果面包价格上涨5%，这对消费者的影响将大于园林植物价格上涨5%的影响，因为园林植物购买频率较低，购买的人也较少。那么，统计学家在测量通货膨胀时计算的是什么呢？

　　统计学家首先会确定，一个普通家庭在一定时期内，比如一个月或一年，购买的一篮子所有商品和服务。然后根据篮子里每一件商品花费的金额占总支出的比例，对篮子进行加权。随着篮子中单个商品价格的变化，篮子的整体价值也会发生变化，我们可以利用这些变化来估计总体通货膨胀率（1913—1999年消费者价格指数见表2）。

消费者物价指数

　　最著名的价格指数是消费者物价指数（英文简称CPI）；它是使用最广泛的通货膨胀衡量标准。例如，在美国，1998年6月的CPI为163.0，到1999年6月，它已升至166.2。这一时期的年通货膨胀率约为2%，因为（166.2－163.0）/163.0＝1.96%。

　　这是一个非常精确的数字，但实际上，经济学家普遍认为，CPI

通常会略微高于实际通胀率约1个百分点。如果这个观点正确，那么美国在1998年6月至1999年6月期间的真实通胀率大概为1%。

引发CPI上行倾向的原因各式各样。例如，商品质量会随着时间推移发生变化。而汽车价格上涨的部分原因则是安全性和性能的提升。CPI是无法考虑这些因素的全部影响的，它只是反映价格变化，因此往往会高估通货膨胀率。尽管如此，只要每年CPI的上行幅度相同，就不会被视为一个主要问题。

通货膨胀和货币价值

当价格上涨时，一定数量货币的购买力就会下降。例如，如果美国的所有产品价格都翻一番，1美元的购买力就会减半。也就是说，价格上涨100%意味着货币价值下降50%。

更简单地说，我们可以根据这两个时期之间CPI的变化来计算1美元购买力的变化。1914年6月CPI为9.9，1999年6月为166.2。因此，1999年6月100美元的购买力大致相当于1914年6美元的购买力。

我们可以很容易地验证这一点：100美元 × （1914年6月CPI）/（1999年6月CPI）= 100美元 × 9.9/166.2 ≈ 6美元。

由此可见，1美元的购买力出现了大幅下降。然而，和过去某些国家所经历的相比，这已经是一个相当温和的通货膨胀率了。

意外通胀

经济学家们认为，如果通货膨胀可以完全预料到，那么它的不良影响就会大大减少。想象一下，如果每个人都知道未来12个月的通货膨胀率是多少。在这种情况下，价格和工资都可以根据通货膨

魏玛德国和匈牙利的恶性通货膨胀

恶性通货膨胀是描述快速通货膨胀的术语。对于什么程度的通货膨胀能被归类为恶性通货膨胀，我们不可能做到精确的划分。但毫无疑问的是，以下发生在20世纪的两个案例都可以被定义为恶性通货膨胀。

最广为人知的恶性通货膨胀发生在20世纪20年代的魏玛德国时期。1922年至1923年间，该地区的物价上涨了1.02×10^{10}倍。1923年9月至12月之间，批发价格上涨了5万多倍。货币价值的下跌速度之快，使得工人不得不开始日结工资。但即便如此，就连工人去趟商店购物的时间，甚至是在餐厅吃顿饭的功夫，物价也可能会出现上涨。一个鸡蛋在第一次世界大战前的价格为8芬尼（1马克等于100芬尼），到1923年年中，鸡蛋价格已经高达5000马克。1913年一双价值12马克的鞋，在1923年夏天已经超过100万马克，到了同年的11月甚至超过了320亿马克。

令人震惊的是，1945年匈牙利的通货膨胀率甚至更加夸张。见表3，想象一下经历这样的通货膨胀会是什么样子。如果你不知道价格可能上涨了多少，你会怎么计划每天购买的食物？每次收取的租金会增加多少？如果你是食品（或任何其他产品）的生产商，例如面包师，你将如何用更昂贵的面粉成本，给新做出的面包和蛋糕定价？你认为这种规模的通货膨胀还会引起多少其他问题？

表3　匈牙利通货膨胀

以1938年中100马克为基准	当前价值（马克）	通货膨胀率（%）
1941年年中	139	39
1943年年中	217	117
1945年7月15日	9200	427
1946年1月31日	7089000	7.1×10^4
1945年3月31日	20506000	2.1×10^5
1945年5月31日	1257200000000000000	1.3×10^{16}

胀进行调整。建筑
承包商可以调整建
筑合同投标价格，
制造商可以调整材
料价格，甚至连工
资和薪水都可以进
行调整。

而那种在出现前没有人预测到的通货膨胀
则被经济学家称为意外通胀。当这种情况发生
时，我们无法保护自己免受通货膨胀带来的价
格上涨影响。因此意外通货膨胀的后果也就比
预期中的通货膨胀更为严重。所以美联储主席
经常会发表声明，以便每个人都能对未来的通
货膨胀率做出更明智的估计。

在战后恶性通货膨胀
的高峰期，德国印制
的100亿马克钞票，
当时一双鞋的售价为
320亿马克。

通货膨胀和价格机制

经济学家普遍认为，价格机制的作用是为
了最有效地利用资源。一般来说，当消费者购
买更多的产品时，产品价格就会上涨。相反，
当他们买得少时，它的价格就会下降。生产者
也会对消费者喜好的变化做出反应，生产更多
更受消费者欢迎的产品，并减少或完全停止生
产那些不受市场欢迎的产品。也就是说，生产
会根据社会的偏好做出回应。

然而，对于生产者来说，要知道产品价格

上涨是因为消费者购买了更多产品还是因为通货膨胀的影响并不容易。显然，通过查看每周或每月的销售数据，生产商可以得知销售量在增加。但实际上并没有那么简单，因为许多企业的每周产量大致是固定的。

价格限制

为什么企业知道价格上涨的原因如此重要呢？试想一下，假如你是生产商，经过一段时间，你的产品价格上涨了。你就会理所当然想生产更多产品，以赚取更多利润。这就是价格机制的运作方式。但如果价格上涨的原因是通货膨胀，而不是因为消费者购买了更多产品呢？因为在通货膨胀时期，商品价格也出现会上涨，但它们并非都会同时上涨或上涨相同幅度的价格。因此你也无从得知产品价格上涨的原因。但因为产品价格上涨而提高的产量会改变资源配置，且由于价格机制无法有效运行，资源配置的效率会大打折扣。

通货膨胀和国际收支

一个国家的国际收支表明了从另一个国家买卖商品和服务的收支流动。国际贸易的金额取决于许多因素，但与消费者和组织的购买行为一致的是：价格是主要的决定因素。

通常来说，买家对于任何产品，或任何产品种类，都有替代品方案。当一个国家的通货膨胀率高于其他国家的通货膨胀率时，本国的出口价格就会上涨（外国人必须花更多钱购买本国商品），而与国内产品相比，进口商品便会显得更便宜。

随着国内消费者和组织选择购买更便宜的替代品，国内进口产品就会增加。随着外国人也购买更便宜的替代品，国内出口到国外的产品数量则往往会下降。

在发生这种情况时，几乎可以肯定国家账户的国际收支会出现赤字。导致这种情况的原因是高通胀国家从国外购买的产品总价值超过了自身出口的产品总价值。但国家其实和个人一样，是不能无限期地入不敷出的。因此在这种情况下，国家很快就会采取纠正措施，例如提高税收或提高利率，将赤字情况扭转过来。

1922年的一幅漫画。牛肉价格飙升，超出了德国普通民众的承受能力。

通货膨胀和失业

人们一度普遍认为，通货膨胀和失业之间存在一种稳定且永久的反比关系。菲利普斯曲线（Phillips Curve）解释道，高通胀与低失业率会同时发生，而低通胀或通货紧缩则伴随着高失业率。然而，菲利普斯曲线显示的仅仅是通货膨胀和失业之间的一种临时关系。

通货膨胀和工资

　　许多人会担心通货膨胀对生活方式造成的影响。他们认为，在工资还没来得及上涨到能补偿生活成本之前，物价就会提前上涨，而且他们的收入可能需要几年才能适应新的物价。经济学家分析了这种感知到的价格和工资之间的滞后是否真的存在。但就像图3中美国的CPI和时薪之间的变化关系一样，他们发现很难在两者之间建立可衡量的关系。

　　另一个普遍观点是，雇主可能会利用通货膨胀来掩盖工资上涨的实际价值。例如，如果最近几年的平均工资涨幅为3%，而雇主给工人的工资涨幅为6%，那看起来还算是笔不错的买卖。但如果通货膨胀率是8%，那所谓的加薪实际上就是减薪，因为工资的实际价值是下降的。

　　但一些经济学家认为，相对温和的通货膨胀通过雇主调整工资就能应对，这种通货膨胀实际上是有助于保持劳动力市场活力的。因为在零通货膨胀时期，雇主将被迫对工人进行减薪，这种做法在工人群体中是很不受欢迎的，因为员工会认为这是对其能力的否定。而且在这种情况下，即使工资下降，物价也是不会跟着下降的。事实也证明，劳动力的生产力在士气低落时要比其在心满意足时低得多，这样的问题最终可能会导致产品价格上涨和失业率增加的结果。

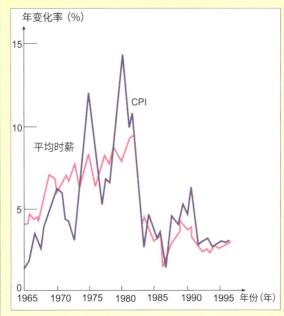

图3 美国的CPI与平均时薪。

菲利普斯曲线

政策制定者曾经认为，可以在通胀和失业之间权衡，通过接受更高的通胀率来换取更少的失业率，反之亦然。图4和表4显示了在两个不同的周期记录的通胀率与失业率。在1949年到1952年，通货膨胀和失业之间似乎存在菲利普斯曲线所预测的那种负相关关系。但是，在1993年到1999年，这种关系的本质似乎演变得截然不同。如果美国经济曾经在通货膨胀和失业之间交替，可以肯定的是现在这种情况已经不复存在了。

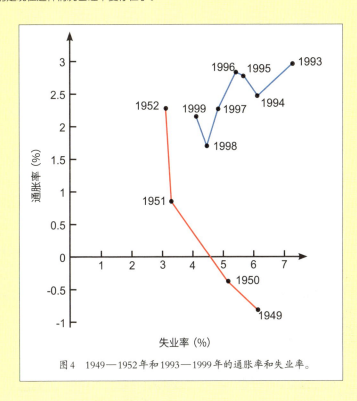

图4 1949—1952年和1993—1999年的通胀率和失业率。

表4　1949—1952年和1993—1999年的通胀率和失业率

年份（年）	通胀率（%）	失业率（%）
1949	− 0.8	6.1
1950	− 0.4	5.2
1951	0.9	3.3
1952	2.3	3.0
⋮	⋮	⋮
1993	3.0	7.0
1994	2.5	6.1
1995	2.8	5.6
1996	2.9	5.4
1997	2.3	4.9
1998	1.7	4.5
1999	2.2	4.3

巴西人在圣保罗的一家汽车厂外排队找工作。高失业率传统上往往也被视为低通胀的代价。

今天的经济学家认为，从长期来看，经济发展过程中存在一种均衡失业率，即自然失业率。自然失业率和通胀并不一定相关，而是由以下一些因素决定：人口规模和从业者拥有的技能、技术发展速度、失业工人是否拥有社会保障等。

菲利普斯曲线的短暂特性给政策制定者带来了一个重大问题。就是在任何给定的通货膨胀率下，政策制定者都预测不到失业率会下降多少或者持续多长时间。因此从长期来看，通胀可能会增加自然失业率。如果通货膨胀对一个国家的出口经济产生不利影响，一些企业就会减产。严重依赖国外市场的企业甚至可能倒闭。而由于产量下降，企业对工人的需求就会减少，从而导致失业潮的出现。

因为低价进口产品抢占市场，本国产品失去客户的行业也会出现失业潮。例如，汽车行业竞争非常激烈，低价进口车已经大规模抢占国内车企的市场份额。本国车企受到不利影响，就会导致企业产量下降，并最终导致失业人数的增加。

通货膨胀的不可预知性

经济学家还认为，当通货膨胀多变且不可预测时，就可能会对投资造成冲击。在这种情况下，公司会对新投资的预期回报持怀疑态度。

如果通货膨胀率多变且不可预测，投资风险就会变得更大。公司很可能会因此减少新设备的购买，并缩减扩建计划。这种情况的出现就意味着产出会下降，获得报酬的就业工人也将减少。

通货膨胀和收入分配

如果不能准确预测通货膨胀，就会引起社会内部收入的再分配。

这种收入再分配是随机的。同时它的影响也是计划之外的，而且很可能造成社会不公。

借款人和贷款人之间的资金分配可以作为收入再分配的普遍例子。如果一个人以固定利率从一家机构借款，意料之外的通货膨胀会将实际收入从贷方（债权人）重新分配给借方（债务人）。

通货膨胀的原因

在考虑通货膨胀的原因时，经济学家在有些情况下会对凯恩斯主义和货币主义对通货膨胀的不同观点进行区分。

凯恩斯主义的通货膨胀观点是基于英国经济学家约翰·梅纳德·凯恩斯的著作。传统意义上，凯恩斯主义的通货膨胀观点确定了这一现象的两大原因——需求上升（需求拉动型通货膨胀）和成本上升（成本推动型通货膨胀）。

需求拉动型通货膨胀

当经济中对商品和服务的总需求（通常称为总需求）持续上升，并且超过经济中企业的总产出（通常称为总供给）时，需求拉动型通货膨胀就会发生。在这种情况下，通货膨胀是不可避免的结果。

凯恩斯主义观点的含义是，当经济处于或接近充分就业状态时，需求拉动型通货膨胀就会发生。凯恩斯主义经济学家认为，总供给对总需求的变化的反应是被动的。就是说，如果总需求上升，企业增加产量，将引起总供给增加。如果经济中存在有包括劳动力在内的未使用资源，他们就会被吸引去就业，因为供应是会随着需求水平的提高而增加的。

凯恩斯主义经济学家还认为，造成需求增长的原因是多种多样

的。例如，如果国会投票通过削减所得税，随着可支配收入的增加，人们就会增加花费支出。这也意味着需求也在不断上升，如果经济接近充分就业，那么价格就将面临上行压力。伴随着物价上涨，工会就会要求提高工资，使工资恢复到正常的作用水平，而这种压力也正是形成通货膨胀的缘由。如果工会谈判成功并获得了更高的补偿方案，则意味着薪酬增加而消费水平变得更高，对经济产出的需求也将进一步增加。

一家工厂的工会工人正在组织罢工游行。当工人们认为物价上涨的速度比他们的工资增长的速度快时，他们就会组织抗议并要求加薪。

成本推动型通货膨胀

通货膨胀的成本推动分析基于价格上涨的压力源于成本上升这一观点。随着成本上升，企业也会提高价格，从而导致通货膨胀。成本增加的原因有很多，但由于劳动力成本在总成本中占据很大比例（在美国约占总成本的70％），关于成本推动型通货膨胀的讨论通常集中在给劳动力的薪酬方面。

同样，凯恩斯主义经济学家通常会认为，经济越是接近充分就业，提高薪酬越是可能对通货膨胀率产生影响。原因是当经济接近充分就业时，企业可能会遇到熟练劳动力短缺的问题，有组织的工会或工人就拥有更高的议价能力。在这种情况下，工会可以争取更高的工资，雇主为了留住熟练工人，不太可能和工会唱反调。成本推动理论认为，这是通货膨胀过程中的关键点。

通货膨胀的货币主义观点

凯恩斯主义的观点认为，当经济处于或接近充分就业状态时，最有可能发生通货膨胀。然而，在20世纪60年代末和20世纪70年代初，包括美国在内的许多经济体，同时经历了通货膨胀和失业率上升。

对此，经济学家用更完整的通货膨胀理论进行了回应。货币主义经济学家认为，通货膨胀是由货币供应量的增加引起的。简单来说，他们认为，随着货币供应量的增加，个人和组织收入也会增加，因此也就会花更多的钱。

支出增加拉动了物价上涨。货币主义关于通货膨胀过程的观点非常有影响力，以至于现在仍有许多经济学家认为，即使货币供应量的增加不是导致通货膨胀的唯一因素，也是其中的主要原因。美国从1965年到1980年发生的通货膨胀就是一个例子。尽管有许多因素会导致物价上涨，但只有货币供应量的持续增加才会导致通货膨胀年复一年的上升。

通货膨胀和成本推动谜团

如果成本推动型通货膨胀真的是一个谜，为什么消费者会听到商人为他们的价格上涨辩解："我必须提高价格，因为我的成本上升了。"商人只是想推卸责任吗？不，大多数商人（尤其是那些经营规模相对较小的企业主）认为更高的生产成本是提高价格的动机。他们很少发现真正的原因——货币增长导致总需求增加。在市场上，现有库存轻易地掩盖了总需求的增长转化为更高的物价这一事实。结果就产生了一种"成本推动"的错觉。

没有商人会以固定的价格出售产品的；有时候销售额会高于正常水平，而有时候销售额会低于正常水平。为了避免在销售量超过正常水平时产品被卖光，商家通常会持有库存（或缓冲库存）。如果总需求增加，商家不能做到立即将这种现象与销售量暂时高于正常水平的情况区分开来——他们不会立刻意识到他们可以提高售价，并仍然保持正常销售量。

因此，他们不会立即提高价格，而是会从库存中取货出来。如果高于正常销售量的情况持续存在，商家将提高从供应商处的采购率，以将库存维持在所需水平。因此，为这些商家提供产品的公司，销售额将高于正常水平，他们的库存将比预期消耗得更快，促使他们更快地从供应商处采购。

这个过程会持续在市场网络中扩散，最终到达原材料市场（用于生产这种商品的最初材料）。在原材料市场上，可用的材料无法满足以旧价格增加的需求量。因为总需求增加（不仅仅是对一个或几个制造商的需求），所有制造商都需要更多的原材料。

结果，出价更高的制造商能得到供应商的原材料，直到原材料价格被抬高到足以出清市场。由于上涨的原材料成本增加了生产成本，因此制造商会以原材料成本增加为由，向批发商收取更高的产品价格。制造商出厂成本上涨，使得批发商有必要向零售商卖更高的价格。最后，零售商（商家）会老实地告诉消费者，由于成本上升，卖给消费者的产品也必须涨价。

达拉斯·巴顿（Dallas Batten）认为通货膨胀是成本推动的谜题。

货币与价格之间的联系

16世纪的硬币制造场景，当时来自新大陆的过剩黄金和白银助长了欧洲的高通胀。

没有人怀疑过货币供应量的变化与通货膨胀率的变化之间存在联系。事实上，一些经济学家曾声称，两者的相关系数接近于1——如果货币供应量增长1％，价格将上涨1％。经济学家面临的问题，是证明货币供应量增长的变化，是实际上导致通货膨胀率相关变化的原因。

图5显示了1988年至1999年间货币和价格的变动。例如，在1989年至1993年间，货币增长和通货膨胀似乎朝着同一方向移动。在其他年份，如1993年至1997年之间，它们似乎朝着相反的方向移动。因此，从这项基础和有限的研究数据来看，结果也是不确定的。

许多经济学家不同意货币增长的变化会导致通货膨胀，他们认为这个问题并不能通过简单地随着时间观察货币增长和通货膨胀的变化解答。但货币主义者表示，各种因素对通货膨胀率都会有短暂的影响，但在较长时期内，唯一影响通货膨胀率的因素是货币增长的变化。

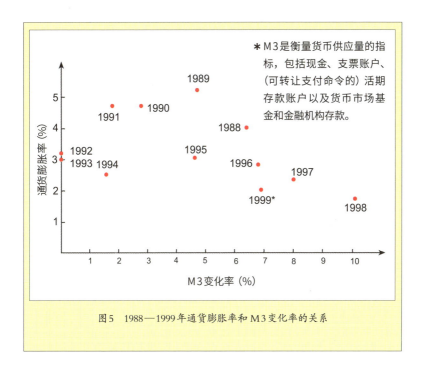

图5　1988—1999年通货膨胀率和M3变化率的关系

存款准备金率

金融中介机构，如银行或存款机构等，必须满足准备金要求。这意味着他们必须在美联储的账户中保留一定比例的活期存款。但是，在国会设定的范围内，美联储有权改变存款准备金率，以影响经济中的货币供应。美联储很少会要求变化存款准备金率，因为这一举动会给银行带来巨大的调整成本。因此，货币政策的主要工具仍然是公开市场操作。

货币数量论

货币主义关于通货膨胀的观点有着悠久的传统，它的基础是经济学中最古老的理论之一——货币数量论。这个理论简单来说，就是认为货币供应量的增加会直接导致价格水平的变化。例如，如果货币供应量上升5%，平均物价水平将上涨5%。

货币供应量的变化如何影响经济是一个有争议的问题，经济学家已经构建了复杂的经济模型来检验货币数量论的预测。观察货币供应量的变化是否会导致价格上涨似乎相对容易——想必我们只需要观察货币供应增加之后会发生什么就可以了吧？但你可能会惊讶地发现，事情并不那么简单。

货币数量论的早期版本基于一个重要的恒等式，称为交换方程。方程如下：

$$MV = PY$$

其中：

M = 经济中的总货币供应量

V = 货币流通速度（货币流通速度看上去很复杂，但实际上它只是指每美元的平均消费次数。如果我向你买了1美元的东西，然后你用1美元从别人处买了东西，这1美元就为两笔交易提供资金。流通速度只是衡量在单位时间内平均每美元的交易次数）

P = 一般物价水平

印更多的钱会增加消费，从而导致通货膨胀——但很难确切证明两者之间的关系。

> Y = 最终产出量（单位时间内购买的数量）
>
> 　如果我们将 M（经济中的总货币供应量）乘以 V（货币流通速度，即货币供应量的平均使用次数），就会得出特定时期中的经济总支出。例如，如果一年的总货币供应量为10亿美元，平均每1美元花4次，那么一年中的总支出将为10亿美元 × 4 = 40亿美元。
>
> 　我们再看等式的另一边，如果我们将 P（一般物价水平）乘以 Y（单位时间内购买的数量），将得出单位时间内购买所有价值。例如，如果一年总共购买20亿美元的数量，平均价格为2美元，那么一年中购买的总价值就是2 × 20亿美元 = 40亿美元。
>
> 　事实上，一个经济体的总支出必须等于该经济体购买的总价值，因此得出 $MV = PY$ 并不能告诉我们太多信息。然而，货币主义者认为 V 随着时间推移，变化非常缓慢，因此可以视为一个常量。他们还认为，Y 是一个平衡值，并且该值每年都随着经济增长率的上升而上升。简单来说，每年的 Y 值通常会被视为常数。
>
> 　这意味着 M 和 P 是直接相关的，货币主义者认为，只有在 M 增加时，P 才会上升。他们认为，通货膨胀的原因是 M 的持续上升。这是个非常简单的逻辑。货币供应量的增加会导致消费的增加，随着消费增加，价格也会上涨。现在，越来越多的经济学家接受了货币主义的观点——但要证明它依然非常困难。

货币政策

　美国的货币政策是指美联储为改变货币供应增长速度或利率而采取的措施。前面提到，货币供应主要由银行和其他存款机构的存款组成。因此，货币政策的重点是存款，其目的是改变存款增长速度或存款利率。

　美联储是如何做到这一点的？公开市场操作是货币政策最重要的工具，因为它们是货币发行的主要决定因素，是货币供应量变化的主要来源。基础货币，即现金和银行存款准备金，会在美联储公开市场购买证券时扩张，并在美联储出售证券时缩紧。

　联邦公开市场委员会（FOMC）每天就公开市场操作的性质做出决定，决定采取进攻型操作还是防御型操作。进攻型操作意味着联邦

公开市场委员会采取一种新的政策立场（购买或出售证券以增加或减少基础货币）；防御型操作意味着它会保持既定的政策立场：联邦公开市场委员会的决策是基于期望实现的货币增长率，以及对基础货币规模可能变化的估计。

汽车行业非常典型，即使在通货膨胀期间，外国竞争和海外高效的廉价劳动力仍可以使成本保持稳定。

公开市场操作

公开市场操作可看作是一种证券销售手段。个人和组织通过指示金融中介机构，将适当的银行存款从其账户转移到美联储账户，其结果是银行准备金减少，基础货币萎缩。当美联储购买证券时，情况正好相反。近年来，美联储通过出售债券和债券回购，来缓和基础货币的短期波动。美联储通过债券回购，与买方达成协议，美联储作为卖方将在特定日期（通常在一周左右）回购该债券。当美联储购买债券时，银行存款准备金规模会扩大；当美联储卖出债券时，银行存款准备金规模就会收缩。逆回购的目的则和回购作用相反。

贴现率

美联储通过公开市场操作来改变基础货币规模。美联储还可以贷款给金融中介机构。当某一金融中介缺乏信贷资金时，它可以通过贴现窗口向美联储借款。

这就是美联储提供的贴现政策，也称最后贷款人（Lender of Last Resort，LOLR）制度，历史上，它的目标一直是确保美国金融体系的整体稳定。最后贷款人制度的便利众所周知，它的存在可以确保一家银行倒闭不会蔓延到整个美国银行系统并扰乱整个经济。

贴现率的升降

降低贴现率使得贷款数量提升，增加了货币基数并扩大了贷款供应，而提高贴现率，导致贷款数量的降低则缩小了货币基数和缩减了货币供应量。其中的机制很简单，就是美联储通过贴现窗口放贷的利率（贴现率）变化，以鼓励或阻止金融中介机构借贷。

随着贴现率下降，金融中介机构会增加从美联储的借款，基础货币也就增加了。当贴现率上升时，情况则正好相反。

走向零通货膨胀

如果通货膨胀造成了这么多问题，那么零通货膨胀是经济体最佳的解决方案吗？经济学家有相反的观点：一些人认为，实现零通

货膨胀的成本大于它可能带来的任何好处；另一些人则认为，零通货膨胀的收益将盖过零通胀的成本。

任何通货膨胀率的降低都伴随着巨大的代价，因为它往往与经济产出的减少和失业率的增加密切相关。产出减少也会对国家的国际收支产生不利影响，扰乱国内贸易模式。

与此同时，失业率上升会导致社会保障成本增加，商品和服务的消费减少，劳动力的培训和投资水平往往也会下降。1945年以来，由于平均工资和物价在经济下行期间反应缓慢，美国的通货膨胀率急剧下降了6个百分点，产出也屡屡下降。

由于需要提前计划较长的交货期，以及受原材料价格波动的影响，大规模建设特别容易受到通货膨胀的影响。

通货紧缩的风险

在试图接近零通货膨胀水平时，通货紧缩带来的风险，比如产出下降和失业，也会被视作一个问题。显然这是一个代价高昂的试验，因为在一个经济体中，某些物价和工资很难有向下调整的空间。例如，一些依赖外部原料来源的行业，或者价值由全球而不是国内因素决定的稀有材料行业。同样地，如果员工拒绝接受降薪，转而跳槽去薪资更高的行业，那么特定行业企业缺少了训练有素的合格员工，可能会出现一时无法找到替代人选的情况。

过去和未来

从19世纪到第二次世界大战，长期价格水平下行和短期价格下跌的情况在工业国家是很常见的，它们随之带来的是失业率的上升和产出的下降。"二战"之后，工业化国家的物价水

如果价格在相应的工资率上涨之前上涨，家庭预算就会变得更加紧缩。

平就很少会出现下降了。物价下降将伴随通货紧缩和失业率增加等更大问题。例如瑞典这样物价水平曾经出现持续小幅下降的国家，国家的经济都会受到负面影响。通货紧缩的出现还可能会伴随高昂的代价，因为通过谈判达成的合同很少会考虑到现实情况中的通货紧缩。

一些经济学家提出了以下的观点，比如来自斯坦福大学的约翰·泰勒认为，从2％或3％的低点开始通货紧缩，从而实现零通货膨胀的这种做法，几乎不需要在产出或就业方面做出牺牲。泰勒还认为，美联储必须发表可信的声明，以表明推行通货紧缩措施的意图。唯一的问题是可能会存在信任鸿沟，使个人和企业可能无法接受美联储的意图和计划。

哈佛大学的马丁·费尔德斯坦则认为，通货膨胀率从2％降到0带来的长期好处，远远优于任何短期的不利因素。他认为通货膨胀率越低，美国的税收制度就越能刺激消费与购房。

日本的案例

除非消除人们储蓄和投资的动机，否则利率就不可能为零，因此即使价格下跌，实际利率也可能会上升。随着经济衰退，货币政策的应对能力也可能出现问题。证据表明，货币政策在限制经济衰退方面的作用非常有限。日本的利率在20世纪90年代后期接近于零，但由于价格继续下跌，货币政策未能如预期般刺激日本经济。

通货膨胀、税收、房屋和森林

　　许多经济学家认为，通货膨胀会导致个人和企业在消费和投资方面做出不同的决定，从而引发扭曲经济的连锁反应。例如，通货膨胀和个人所得税之间的联系，促使了20世纪70年代房地产的繁荣，这对木材行业带来了严重的影响。

　　对于自住房屋的业主来说，按揭利息是可以免税的。当通货膨胀被纳入名义利率，即央行或其他提供资金借贷的机构所公布的未调整通货膨胀因素的利率时，房屋升值意味着利率的下降。对20世纪70年代的大多数人来说，与任何其他类型的投资相比，买房很显然是最保值的投资方式。利率上升的滞后凸显了房地产的价值，新需求带动了房价的上涨，这种滞后加剧了通货膨胀的螺旋式上升，因为美国人都秉持着"早晚要买，不如早买"（buy now rather than later）的理念。

　　林业公司和木材公司以这一特殊时期的房屋开工数量为依据，预估未来的销售，并决定其生产水平。因此，在20世纪70年代的繁荣之后，由于预期通货膨胀保持高位，并且购房需求旺盛，林业行业随之提升了锯木厂的产能。当20世纪80年代的低通货膨胀时期来临，一些经营林业和锯木厂的大公司艰难地度过了经济低迷时期，但许多小型锯木厂公司则濒临破产。

　　这些小公司投标购买的木材，其中大部分木材是由美国林业局提供的。因此即使投标合同使锯木厂早早锁定木材价格，但

建造房屋意味着许多小企业需要购买木材，但后来它们发现再也负担不起木材成本了。

最终采伐要滞后一段时间——通常是在投标后的3到5年。在20世纪80年代初期，投标合同的真实成本显而易见。因此这些小公司最后只剩下他们根本负担不起的木材。

　　为了尽量减少对这些小公司的负面影响，美国国会采取了极不寻常的举动，就是要求美国林业局重新对20世纪70年代后期签订的所有木材合同进行谈判。

上市：股票市场

股票市场是所有金融机构中最具影响力的机构之一。它们让各公司向投资者出售股票，以筹集资金维持公司的运营；投资者则可以获得公司一定比例的所有权和利润作为回报。

股票市场的存在就是为了把那些想要获得更多资金的公司和那些持有资金的个人聚集在一起。公司的目的可能是筹集资金，也可能是为了扩大现有业务或推出一项全新的业务，而投资者则希望获得比银行储蓄更好的回报。

股票市场和任何市场一样，允许买卖双方交易或交换产品（有时称为商品）来换取金钱。在股票市场中，商品是公司的个人股份或股票。

在美国芝加哥证券交易所里，交易员们穿着彩色马夹，用不同颜色表明他们为哪个券商工作。交易员之间通常用手势进行交流。

这些股票对投资者很有吸引力，因为它们的价值随着公司的财务业绩和潜力而涨跌；如果公司经营良好，股票持有者还有权获得定期利润或股息。

股票交易是一个国家经济不可分割的一部分，因此许多经济学家会利用一个国家的股票市场实力，来判断该国经济实力的强弱。市场是经济的枢纽。在许多方面，它类似于亚当·斯密和其他古典经济学家所描述的纯粹市场，股票价格会根据市场需求出现涨跌。然而，股票市场并不是一个模型，而是涉及大量金钱的真买卖。成千上万的股票投资者都会想方设法占据市场先机来尽可能提升自己的利润；此外，在市场的边缘还有着许多诸如经纪公司的机构。虽然股票市场的表现为经济表现提供了指导作用，但它并不是一个抽象的地方：因为这里汇集了真金白银和真正的竞争——这对投资者来说，风险是很高的。

纽约证券交易所和纳斯达克

美国有两大证券交易所，纽约证券交易所（NYSE）和美国全国证券交易商协会自动报价表（NASDAQ 或纳斯达克）。还有其他交易所也会交易小公司的股票或其他商品，例如，芝加哥期货交易所（CBOT）主要从事期货和期权交易，而宾夕法尼亚交易所则几乎完全从事国际货币交易。

股票历史和机构成立

1792 年，24 位银行家在一棵梧桐树下会面，并签署了在规定框架内交易股票的协议。那一年，银行家、经纪人和公司联合起来，同意在佣金制基础上进行股票和债券交易。他们签署了所谓的"梧

桐树协议"来规范这个新兴行业。

　　1817年，纽约证券交易委员会（NYS&EB）成立。他们在华尔街租了办公室，并为交易所成员制定了规章制度。当时交易所的运作模式是通过"点名"进行的。证券交易会的总裁每天会两次从名单中挑选股票，然后投资者再按顺序对每支股票进行交易。

　　1863年，交易委员会把名字改成了纽约证券交易所（NYSE，简称纽交所）。4年后，第一个股票代码问世了。通过一条长长的纸带（称为"股票行情纸带"），交易所外的交易者第一次可以查看当前股票价格。到1871年，连续交易系统的出现取代了原来的股票交易模式。

　　到20世纪初，股票交易已受到许多美国人

这张照片摄于20世纪20年代，股票经纪人检查从纽约证券交易所通过电报传送到办公室的自动收报机上的价格。

的欢迎。由于交易量巨大，1903年纽交所搬迁到现在的位置，开始建造一座23层的办公大楼，并于1922年竣工。纽交所原来一直是仅限男士的俱乐部，直到1943年女性才获准进入交易所。

期货和期权

如今，纽交所和纳斯达克的交易额每年超过一万亿美元。除股票和债券外，纽交所和纳斯达克还会在二级衍生品市场上交易期货和期权。衍生证券，例如期货和期权，是本身没有价值的资产，它们的价值来源于另一种资产。衍生证券最初是为机构投资者开发的一种工具，用于对冲或确保利润不受股价突然变化的影响。期货是可交易的合约，保证股票或货币在未来某一天的价格。期权与之类似，但也指定了哪一笔交易或市场的哪一方得到了保障。期权分为看涨期权和看跌期权两种。看涨期权允许持有人在给定的日期（即行权日）内，以设定的价格（即行权价）买入股票。看跌期权允许持有人以设定的执行价格出售。

为什么要卖股票？

既然出售或发行一家公司的股票就等于卖掉一个企业的一部分，那么公司为什么要这么大费周章呢？最简单的方式就是从一个新的软件企业及其选择发行股票的原因作为案例来进行分析。要开一家新公司，公司所有者需要启动资金，把这些钱用来购买设备、寻找办公室、聘请员工以及为公司寻找那些可能需要设计和开发软件服务的客户。

客户不太可能在开业后就立即出现，而且公司在收到客户付款之前的这几个月还要持续经营。为了克服这个"干枯期"，企业还需要一定数量的运营资金，并依靠这些资金"维持生计"，直到实现盈利。

寻找资本

因为银行能提供放贷业务，所以它们显然也是募集资金的地方。大多数新公司在一开始都会尝试借贷这种方法。每个企业最终的成败都有一定程度的风险或不确定性。

银行在决定是否提供资金时会考虑新公司的风险水平等级。而在确定利率和还款条件时，还会考虑公司的风险程度，以考虑还款的可能性。

对于一个新企业，银行收取的利率可能会相当高。而且还可能要求在较短的时间内，例如三到五年内归还贷款。而像为期十年的这类长期贷款，银行是不会批准的。银行通过贷款收取的利息和还款条件都是公司获取资金的成本。通常来说，通过银行筹集资金的成本对于一家新公司来说，是高得令人望而却步的。

美国纽约证券交易所交易大厅的场景。

股票价格

　　你可以通过投资一家公司的股票成为该公司的部分所有者；如果这家公司经营得很成功，那么你就能以定期分红的形式获得收益。因此，大多数投资者都希望股价上涨，这样他们就能在出售所持股份时获利。然而，这样投资其实风险很大。一家公司的赢利能力可以通过它的业绩来判断，但股价可能会受到公司无法控制的外部事件所影响。例如，发生在世界某处的战争可以推高原材料的价格，如果公司对这些原材料有所依赖，那么波动就会反映在公司的股价上。

　　股票就像其他商品和服务一样，它们的价格是供需之间的相互作用。因此，当市场上的所有股票都被购买时，股票价格就会稳定下来。如果投资者希望购买其他人手里的股票，价格就会上涨。相反，如果他们购买欲望降低，价格也会随之下降。

展望未来

　　每个股票市场都像是经济信心的晴雨表。买股票是为了预测未来会发生什么，因此股价也是投资者对经济前景的反映。如果未来经济前景备受看好，投资者就会倾向于买入股票，股价会因此上涨。但如果人们预感到经济会出现衰退，他们通常就会选择抛售股票，而股价也会随之下跌。其他因素也会在短期内或好或坏地影响股价，比如公司在市场上推出一种新型的、未经尝试的产品，或者是公司首席执行官的离职。

　　即使是公布超越以往纪录的利润，也可能会导致股价出现下跌。一些投资者购买股票是为了获得更高的股息，如果利润没有达到预期，股价就会下跌。此外，如果企业公布了高额利润，但预警明年的利润将会下降，也将引发股票抛售。

　　相反，如果公司宣布利润出现了下降，甚至出现了亏损，但亏损程度低于市场预期，或者该公司宣布预计明年将获得良好利润，那么该公司的股票还是会出现上升。

收购

　　人们对一家公司合并或被另一家公司收购的猜测，也会提高收购方或被收购方的股价。这样的举动通常会使两家公司的股价都出现上升，因为投资者会认为公司的合并让他们有机会获得长期的股息，市场对股票的需求就会有所增加。

市场指标对于报告当前价格和预测未来价格会上涨还是下跌都很重要。

求助于家人

家人和朋友也可能是资金的来源。不过如果一个新企业需要大量资金，就很难找到愿意借出全部身家的人了。但如果一家企业看起来很有前景，人们可能也会愿意把他们的资金"集中"到一起，直至筹集到所需的资金为止。他们实际上就是购买了公司的股份。

根据投资者的回报方式，筹集的资金要么是债券，要么是股票。如果一家新公司决定发行债券，那么该公司就是承诺了在债券到期时，以规定的利息偿还原始资金。与银行贷款相比，通过这种融资渠道，公司可以获得更好的条件或更低的融资成本。

不过对新公司来说，无论是决定进行债券融资还是从银行借款，不管它最后是成功还是失败，它仍然负有支付所有款项的责任。为了抵消潜在的失利，企业可以选择发行股票或股份，这是企业的增量所有权。在这种情况下，所有股东都要和企业共负盈亏。

评估公司

当企业发行股票时，每股的价格取决于发行数量和当时公司的感知价值。股票的价值等于公司的总价值除以流通股的数量。根据这个简单的定义，股票的价格毫无疑问会随着公司当前和潜在的财务实力而产生波动。

投资者们都会希望公司能够在几年内每年都能盈利，从而带动公司股价上涨。让一支股票成为更有价值的投资，还有两个更重要的因素——股票的可转让性和收集股息的能力。

股票的一个重要特点是具有完全可转让性。一旦公司发行股票，股东是能够自由交易股票的。那他们就可以在股价上涨的时候获利，在价格下跌时减少损失。股票的可转让性同时也保证了股票的价值。

如果只允许少数人拥有一家公司的股票，那么股东是很难找到买家的。如果出现这种情况，其他股东就会在买入该股票之前先迫使其股价下跌。

当一家公司连续几年盈利时，股东就会开始期待获得部分利润。这些利润一般会以股息的形式出现。股息是公司支付给持股人一定比例的公司利润，通常按季度发放，并根据当期利润进行调整。

1999年9月15日，墨西哥水泥巨头西麦斯（CEMEX）的股票首次在交易所上市，西麦斯公司高管与纽约证券交易所的官员一起敲响了开盘的钟。

股票融资成本

企业通过股票融资筹集资金的实际成本是相对较低的。因为这样的话，企业只会在势头良好的时候才需要发放股息，其他情况下无须定期支付股息，并且只有在公司决定回购部分股权时，才需要偿还金额。融资成本低也是企业发行股票的最重要原因。因此从另一方面来说，发行股票的金额，就是最初的持有人在拥有全部所有权的情况下能够获得的利润。

公司通常愿意放弃部分业务——以及随后的利润——因为他们认为，随着股票发行金额增加，他们可以获得更高的利润。一家上市公司能够向其他投资者出售其公司的股份，这也意味着它的所有权可能不再由私人控制。

上市

一旦公司决定发行股票或上市，会导致什么发生呢？首先，一家公司可以选择发行少量面向合伙人亲友而不面向公众的内部股票。在这种情况下，该公司就会被称为"股份有限公司"。这类公司的名字后面，一般会附上缩写的"Ltd."字样。

有限责任公司的股东原则上是可以随时出售股票的，但他们通常也受到公司内部协议的约束。此类协议可能包括"优先购买权"，就是允许其他合伙人可以优先购买股票。

如果企业想要公开出售股票的话，就必须

股票经纪安静的一面——经纪人通过电话，根据最新的市场报告向客户提供建议。

先进行注册。因为根据法律，公司被视作与其所有者不同的独立实体或"个人"。公司只对其直接拥有的资产负责。这种区别使人们可以在购买公司股票的同时，不必担心因为公司管理人员的疏忽而造成像房子和储蓄这类自身财产的损失。

成立一家公司的重要步骤还包括：起草公司章程，列出包括公司的法定名称、业务类型和营业地点等所需的法律信息，并详细说明要发行的股票数量和类型。

交易和清单

如果一家公司决定向公众发行大量股票，它还必须决定股票的交易方式。通常来说，一家公司的股票会在特定的证券交易所上市，例如纽约证券交易所。如果一家公司的股票未在

股票经纪疯狂的一面：在纽约证券交易所，交易员争先恐后地买卖股票。

证券交易所上市，那么这样的股票交易就会被称为场外交易（OTC）。场外交易可以通过电话在少数本地投资者之间进行，就纳斯达克而言，也可以由全球数百万投资者进行。

法律要求

一家公司在纽约证券交易所等大型证券交易所上市之前，必须满足一定的法律标准。在美国的证券交易所，在交易所交易的个股由证券交易委员会（SEC）监控。

证券交易委员会的设立，主要是保护投资者免受非法或不道德的商业行为的影响。交易所按照严格的行为准则运作，要求首次上市的公司遵循既定程序。公司股票在证券交易所上市的过程称为首次公开募股（IPO）。

首次公开募股

指导公司完成首次公开募股流程需要大量的技能和经验。公司通常会求助于投资银行的专家提供帮助。根据业务的规模、性质和增长前景，投资银行可能选择充当经纪人，并找到足够多的投资者，这些投资者愿意购买所有按照公司章程规定已发行的股票，这样投资银行就可以获得商定的报酬。

如果投资银行觉得这项业务可行，或者有极大的增长潜力，那么投资银行不仅会选择担当经纪人，还会作为首次公开募股的承销方。在这种情况下，投资银行会购买该公司的所有股份，并会以尽可能高的价格进行出售。投资银行赚取的是股票支付成本和出售股票价格之间的差额——价差。

完整披露声明

首次公开募股且金额超过500万美元的公司，必须向美国证券交易委员会提交一份称为"完整披露声明"的文件。这份声明不是为该公司打广告，而是向公众提供公司当前状况的完整记录，证明公司的财务诚信。根据法律规定，该声明必须包括业务的所有基本细节。其中包括公司章程和详细的股东、董事和大股东名单，包括他们的工资和收入。

完整的披露声明还必须解释公司将如何处理首次公开募股筹集的资金，并包括与首次公开募股过程相关的信息，例如承销商、律师和广告商的名字。如果完整披露声明满足了上述的条件，证券交易委员会就会予以接受。

但是，这并不意味着证券交易委员会就完全认可了该公司，或批准其提出的商业计划。这仅仅表明了证券交易委员会允许该公司继续向公众发行股票。

买股票就像买二手车：由于有着潜在的陷阱，听取一些专家的建议是个不错的主意，讨价还价也是很常有的事。

配售股票

完成完整的披露声明后，承销商就会开始配售股票。如果发行规模很大，投资银行可能需要出面提供帮助，因为金额有时甚至可能会接近10亿美元。为了处理这类大额发售，帮助配售股票的"辛迪加"（Syndicate）应运而生。

"辛迪加"通常由许多金融机构组成，例如投资银行或经纪公司。进行交易的金融机构通常也是最大的承销商，被称为主承销商。联合组织的每个参与者都可以选择承销或配售。一部分配售和费用将根据参与成员的规模及其在联合组织中的地位进行分配。

随着"辛迪加"的成立，每个成员都会开始预售股票。此时，首次公开募股的价格已经被确定好了，因为这个价格可能不是股票开始交易后的实际价格，而是组织成员同意将其出售给优先客户的价格。如果对股票的需求出现过高或过低的情况，"辛迪加"可能都会对价格进行调整。不过在现实中，这种情况很少会发生。

选择交易所

股票的生效日期就是股票开始在公开市场上交易的日期，是通过选择交易所来确定的。所以公司还必须决定好在哪里上市。而在选择最合适的证券交易所之前，公司必须先考虑好交易量、价格、竞争对手以及地点、规模和业务类型等问题。

首席经理在股票配售方面的经验，可以为公司提供宝贵的意见。如果股票要在美国境外出售，主承销商还得确保首次公开募股符合当地的证券法以及外国法律。公司还需要把最终发行的招股说明书提供给所有购买股票的人。说明书所包含的信息与完整披露声明是相同的，但细节内容会较少一点。

交易

在生效之日，股票会在合适的证券交易所开始进行交易。主承销商的最终职责之一是对新股发行及其价值和发行价进行公告，因为根据法律，金融机构不得直接宣传新股发行。

因此，"辛迪加"会在发行当天发布公告，对股票的名称和组织的参与者进行介绍。股票发行公告的内容简单乏味，因此也会被券商戏称其为"墓碑"。

"墓碑"（股票发行公告）

"墓碑"其实对股票并没有真正的广告作用，因为股票发行通常在生效日期之前已经进行认购了。"墓碑"的主要作用是向金融界的其他人士介绍企业联合组织。按照财务参与程度，主承销商会排在新股名称之后，其次是其他承销商，最后是分销商。金融机构正是通过这个"墓碑"，展示自身在行业中的地位。

准确的信息是所有股票市场的基础。在交易所内部，像上图的电视屏幕上显示着股票的最新详细信息；在更广泛的世界范围内，互联网、金融期刊和报纸报道市场各个方面的事实和数据。

随着股票在选定的市场发行和"墓碑"的发布，"辛迪加"就会解散。如果股票发行成功，公司就能筹集到足够的资金来创办企业，股票也能开始交易。近期，许多互联网公司的

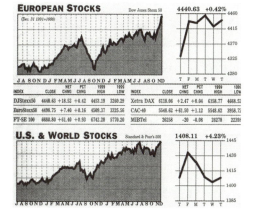

股票首次公开募股就非常成功，许多股票被超额认购高达十倍。其中一些股票开盘交易后，价格也立即翻了一至三倍。这样剧烈的价格变化同时

也是一个提醒：在设定发行价格时，即使是经验再丰富的券商，对股市也是捉摸不透的。

呆伯特（Dilbert）是电视节目人物。他在1999年1月25日敲响了纽约证券交易所的钟。呆伯特努力推广电视节目，交易所自然而然成了他推广新电视节目的选择。

买入和卖出

因为股票也是商品，所以在股票市场上买卖股票的过程和交易其他昂贵商品其实是类似的，比方说考虑购买新车或笔记本电脑的几个环节步骤和股票交易其实是很像的。大多数人在购买昂贵商品之前一般也会进行相关的调查。

举买车或笔记本电脑的例子来说，这过程可能涉及比较价格、考虑产品的用途，和朋友交流他们的选择和体验等方面的问题。买家一旦选定了某件产品，就必须找到产品并最终进行购买。就笔记本电脑或新车而言，授权经销商会有产品的现货，因此找到这样一款产品并不是一件很难的事情。然而对二手车来说，用

一个比较理想的价格去找能满足所有条件的汽车相对来说就比较困难了。虽然买方可以先通过在网上发帖的方式来寻求交易，然后通过私人卖家渠道购买车子，随后再验证商品是否安全可靠，最后以获得车子相关的证件许可为结束，但最佳方案可能是让专业人士——经销商或经纪人——来做这些跑腿的事情，他们也可以因此获得一小笔佣金。

类似的，在证券交易所购买的股票也不是首次公开募股时的新股，它们都是二手商品。股票市场的购买过程不是在买一台新电脑，更像是在买一辆二手车。这个过程非常复杂，因此寻找经纪人来帮助购买股票不失为一个好主意，同时这也是法律的要求。

私人投资者

当私人投资者决定购买股票时，一个漫长的过程就开始了，这会牵扯到许多的地方和许多的人。假设艾奥瓦州的一个投资人想购买100股国际商业机器公司（IBM）股票，那么一开始他要做的就是给股票经纪人打电话、利用即时通信服务应用程序发信息或发电子邮件。

股票经纪人分为两种类型：全方位服务经纪人和折扣经纪人。折扣经纪人只是充当信使。例如艾奥瓦州的投资人不能离开家前往纽约证券交易所下订单，就可以花固定的费用聘用折扣经纪人替他下单。大多数用互联网开展业务工作的股票经纪人都是折扣经纪人。他们是不提供任何交易建议的。无论他们认为是否明智，也只会按照客户的要求进行交易。

全方位服务经纪人也可以帮客户下订单，但也可以提供其他的服务。例如他们还可以提供市场调研，以及资产管理和个人交易的建议。当然，这些额外的服务并不是免费的。全方位服务的经纪人通常会从每笔订单中收取1％到3％的佣金，作为他们的报酬。

在我们的例子中，全方位服务经纪人可能会通过对IBM业绩的内部调研，建议艾奥瓦州投资人购买这支股票。他们也可能会建议投资人等到IBM股票出现更合适的价格后再入手，甚至还可能会建议他们索性直接考虑购买另一支股票。

无论投资人的经纪人是在艾奥瓦州还是纽约，一旦经纪人收到订单，订单都会以电子的方式从交易大厅传送到控制订单流的部门的订单台前。无论股票是在场外交易，还是在自动交易所（如多伦多证券交易所）上市，订单台都可以自动执行订单。

拍卖市场

如果股票在纽约证券交易所或其他拍卖市场进行交易，订单台会将请求传递给交易大厅的办事员。因为纽交所交易大厅的业务量是非常大的，所以办事员的工作就是处理大量涌入的订单，然后将订单传达给场内实际进行交易的人，即交易员。在过去，办事员通常是用手势来执行这项操作的。不过现在的订单通常都是通过电话或经由交易员的手持电子平板传送了。

经纪公司可能也会招聘几名股票交易员，并让每个人专门负责特定的一组股票订单。在纽约证券交易所，每支股票都会在一个特定的交易场所进行交易，在那里一般会有一个大的办公桌，桌上配备了用于接收订单的电话和显示器，可以及时显示交易场所最新的股票交易情况。

在我们的案例中，当交易员收到购买100股IBM股票的订单时，他就会来到IBM交易台位，并向聚集在周围的交易员喊话，表示他

DOW JONES LATE MARKETS

The Dow's Performance

DJIA at 5-minute intervals Thursday

DJ AVERAGES COMPONENTS

有兴趣交易 IBM 股票。在股票市场中，每100股的股票也可以称为"每手"，股票的交易通常会以一手作为交易单位来进行，这样的做法可以让交易得到简化。如果投资者想要购买的股票少于100股，那么他们的这次交易就会被称为散股交易。

此刻，交易员没有透露他是在买入还是卖出 IBM 股票。而与此同时，其他几个交易员也会喊出两个价格，例如150.25和150.50，这两个分别是股票的买入价和卖出价。买入价是交易者愿意购买股票的价格，而卖出价则是交易者愿意卖出股票的价格。

收到订单的交易员会指向其中一个场内交易员，透露目前的价位，或者告知那位交易员

道琼斯指数是最重要的市场指标之一。每天，《华尔街日报》都会用图表显示每日的股市表现，并列出构成道琼斯三大指数的公司业绩——工业、交通运输和公用事业——显示个别股票和平均股价的涨跌。

他是在买入还是卖出股票。在这种情况下，他可能会说，"100股 IBM，以150.50的价格卖出"。两名交易员交换订单，至此交易就算完成。随后包含数量、价格和时间在内的交易信息都会给到两名交易员手上，然后他们再继续进行下一笔交易。

而后交易员会将信息递交到处理交易的订单台来完成交易的最后一步，也就是开具股票交易的发票。一旦经纪公司收到付款，这100股IBM股票就会被放入投资者的投资组合中。投资组合是由投

道琼斯公司

道琼斯公司（以下简称道琼斯）是美国最著名的金融机构之一，于1882年由三位财经记者查尔斯·道（Charles Dow）、爱德华·琼斯（Edward Jones）和查尔斯·伯格斯特瑟（Charles Bergstresser）创立。他们这个三人组提供了对纽约证券交易所的第一次分析，制作了名为"Flimsies"的手写简报，并将某些股票的平均值作为衡量整体市场表现的一种方式。在当天股市交易结束时，公司制作了一份简报，详细介绍了当天的股市活动交易情况。

第一个股票指标主要基于铁路股票，后来也被称为道琼斯运输平均指数。1889年，随着公司业务的增长，合伙人决定将每日新闻简报转换为日报——《华尔街日报》（*The Wall Street Journal*）因此诞生了，第一期于1889年7月8日发行，每份售价为2美分。

《华尔街日报》

尽管《华尔街日报》在印刷版上取得了巨大成功，但他们还是决定开发一种更快的方式来向股票交易员和机构传递消息，于是他们开始通过电报发送商业信息。然而，在1902年查尔斯·道去世后，克拉伦斯·巴伦（Clarence Barron）买下了该公司的控制权，当时《华尔街日报》的发行量只有7000份。巴伦通过投资现代印刷设备，扩大杂志的新闻采集能力。到1920年，发行量增加到了18750份。

《华尔街日报》的真正壮大是在1941年伯纳德·基尔戈（Bernard Kilgore）担任总编辑之后。基尔戈将其编辑内容扩大到涵盖商业、经济和消费者事务的各个方面，以及影响商业的其他问题，例如政治生活。

到20世纪60年代，该日报发行量已超过了100万份，报道内容涵盖外交、教育、科学和社会问题与商业等多个领域。这也使得读者不再需要购买第二份报纸来阅读商业新闻以外的新闻了。20世纪70年代，《华尔街日报》的成功模式顺利推广到美国以外，并先后有了《远东评论》（The Far Eastern Review）和《亚洲华尔街日报》（The Asian Wall Street Journal）。到20世纪80年代，《华尔街日报》成功卖出了200万份，世界其他地区的外部投资也在继续进行。《华尔街日报》欧洲版（The Wall Street Journal Europe）创刊于1983年。紧接着电视商业新闻，分别是1993年的《亚洲商业新闻》（Asia Business News）和1995年的《欧洲商业新闻》（European Business News），随后是1997年与美国全国广播公司合作推出的全球服务。1999年，《商业日报》（Vedomosti）创刊，成为俄罗斯的商业报纸。

道琼斯指数

1896年，道琼斯推出了一项新的股票市场指标，即道琼斯工业平均指数，该指数是基于30支美国长期稳定增长的大型工业股（又称蓝筹股）的价格而制定的。道琼斯工业平均指数随后发展成为全球最受关注和最有影响力的股票指标。如今，该指数持续跟踪着纽约证券交易所整个交易日的表现，并由《华尔街日报》编辑更新。期货、期权以及其他可交易工具也是以道琼斯工业平均指数为基础的。1929年，道琼斯公用事业平均指数问世。

道琼斯全球指数是近年新推出的股票市场指数，它会对全球33个国家近3000家公司的股票价格进行跟踪。这些指数的范围覆盖了10个地区、9个市场部门以及122个工业集团。1998年，道琼斯斯托克指数成立。这是与法国、德国和瑞士证券交易所合作开办的，主要用途是分析欧洲市场。

电子时代

除了《华尔街日报》，道琼斯现在还出版了几份金融报纸和杂志，其中许多也会同时在互联网上发布。道琼斯还抓住了电子通信发展带来的机遇，这对于倚重信息快速传播的商业领域是极为有利的。道琼斯通讯社可以实时向世界各地的订阅者提供新闻，让他们能够及时跟踪股票价格的变化。

道琼斯还发布了"道琼斯在线"网站（Dow Jones Interactive），网站的系统会从6000多个来源收集商业新闻和信息，并形成在线商业新闻并在线发布研究。而且网站系统还会根据客户的需求进行量身定制，自动跟踪并过滤所提供的信息。目前全球有超过1000万的个人和组织在使用该系统。"道琼斯在线"和《路透商业简报》（Reuters Business Briefing）在1999年合并成《道琼斯路透商业资讯》（Factiva），并计划成为向国际企业和专业组织提供商业信息的全球领先服务提供商。

资人或金融机构所持有的股票、债券、金融衍生产品等组成的集合，即投资者在该经纪公司当前持有的股票记录。

资金管理者

当一家私营公司发现自己在经纪费上花费了一大笔钱时，就会决定建立自己的内部交易部门。不过只有投入大量资金的公司才需要这样的部门。

银行、共同基金和养老基金，这些机构都是为多人打理或管理资金的典型例子。他们的客户希望资金增长，但不想由个人承担日常的投资责任。因此这些公司将客户的资金集中起来，代表客户进行投资。这类资金管理组织会自行操作交易，因为他们每天要进行的交易多达数百笔或更多，所以这也是合情合理的。

这么做是需要这类资金管理组织具备大量启动资金的。例如，纽约证券交易所要求公司在开始交易之前在交易所购买"席位"。一个席位的价格可能超过50万美元。有了固定的席位后，公司还需要创建一个订单台并聘用办事员和交易员，每年这笔花费就可能高达数百万美元。公司也可以开设一个自己内部的交易大厅，这样交易者就可以买卖在世界各地交易所上市的股票了。他们甚至还可以因此参与其他市场，例如货币市场、期货和期权市场。

共同基金

支持者认为，股票市场让普通民众得以在美国企业的利润中分一杯羹。然而，大多数股票都是以每手100股为单位买卖的，而大多数蓝筹股的股价为数百美元，因此资金有限的人是很难进行投资的，因为只购买100股就可能要花费数万美元了。

许多投资银行和经纪公司已经认识到投资成本过于高昂的这一情况。为了让资金有限的人也能参与到股票市场中来，投资银行和经纪人们创建了共同基金。共同基金其实就是一个用于投资的资金池。投资银行通过向众多客户提供共同基金的股份的方式，可以将汇集的资金进行投资以追求所有基金参与者的共同利益。

共同基金的一个好处是可以让专业的基金经理进行投资。许多小投资者对股市的涨跌反应过于情绪化。通过他人代为投资的方式，共同基金所有者希望专业人士能够带来更好的回报。因为从长远来看，共同基金的回报率往往高于个人投资组合或简单的计息投资（如政府储蓄债券）。

股票指数

股票市场只是交易个股的场所，因此要掌握股市的整体表现如何，就需要投资者对市场的表现做出评价。同样一个市场指标，只有在多年内保持不变，投资者才能比较它的表现，并将其与全球其他股票市场进行比较。股票市场指标必须能代表一个国家核心行业的健康状况。当经济总体健康状况良好时，股市也应该表现良好。

衡量股市表现的最佳方法，就是考虑几支在交易所上市股票的平均表现。通过选择一组代表整个交易所的股票，投资者可以创建一个市场表现指数。这样的指数可以由道琼斯或标准普尔等私人公司计算，也可以由证券交易所自己计算。

要广泛使用指数作为指标的话，投资者就必须能够自己计算指数价格。这不仅需要投资者知道哪些股票构成了这一指数，还要清楚它们当前的股价。这么做是因为股票指数是公开透明的，外界可以自由获取这些信息。此外，股票市场指数的发行者还会公布一份

明确的标准清单，里面确定了股票上市或退市
的标准。

一家大型金融机构的
内部交易室。拥有自
己独立交易室的组
织，会花大量时间和
金钱来投资股票。

解读指数

大多数投资者都是依靠报纸或其他媒体来
跟踪指数表现的。市场指数通常由50到300支
优质股或蓝筹股组成。一个指数通常会有几个
分类指数，而每个分类指数又是由来自某个经
济行业的股票组成的。举个例子，加拿大的股
市指数就包括了各种分类的指数，像黄金和矿
产指数，以及石油和天然气指数，这是因为矿
产和化石燃料都是加拿大经济的重要组成部分。

最著名的市场指数是道琼斯指数。1896年，

道琼斯指数开始对纽约证券交易所的交易情况进行报告,当时它的点数为40.74。道琼斯指数涵盖了美国经济中的工业、交通运输和公用事业板块的股票。其他指数还包括标准普尔500指数和纳斯达克综合指数。

在全球金融领域,股票市场看起来都一样,甚至连运作方式也是一样的。图片来自日本东京。

牛市和熊市

经纪人给股民最好的并且可能是唯一的建议就是"低买高卖",或者在价格低时囤积股票而在价格上涨时卖出。这个建议说起来容易做起来难,成千上万的投资者也都是尽力这么做的。但股票价格会受许多因素影响,这些因素既可能是微观经济因素也可能是宏观经济因素。

股市崩盘（股灾）

这幅插图生动地展示了1929年10月29日华尔街股灾时期间惊慌失措的交易员。

只要有股市，不可避免就会出现股灾。简而言之，股灾是指个股价值的集体大规模下跌，从而导致整个股票市场价值的下跌。在这个时期，财富甚至可以在几天内就化为乌有。而由于贷款人无法偿还债务，就会导致银行和控股公司的破产。如果发生像1929年10月华尔街纽约证券交易所那样的股灾，其结果几乎是可以摧毁整个国家的经济的。华尔街股灾是"大萧条"的直接触发因素，十年时间里，它的影响蔓延到了大部分工业化国家。

导致股灾的原因有很多，但很大一部分是因为，人们在经济繁荣时期对股票的感知价值偏离了真实的商业世界。换句话说，这可能是投资者盲目乐观的结果。举个例子，在20世纪20年代的美国，当时恰逢工业扩张时期，买卖股票几乎就是一种有保障的赚钱方式。

导致这一现象的另一个因素是：越来越多的公司开始提供贷款，鼓励投资者在不必支付全部股票价值的情况下购买股票。例如在20世纪20年代，通过"保证金"买入股票的投资者，只需支付购买价格的10％到25％，其余的钱都是从经纪人那里借来的。在这种情况下，一家公司的股票价值既不符合实际资产的价值，也不符合人们实际为股票支付的金额。因此一旦市场突然失去信心，或者个人或组织无法偿还债务，那么整个市场就会变得不堪一击。

在过去，骗子也会利用投资者的贪婪和轻信，故意哄抬股价最终导致股市崩盘。例如在1720年，发生了被称为"南海泡沫"（South Sea Bubble）的伦敦股灾，当时的人们疯狂地进行投资，期望能从与西班牙在美洲的贸易特许权中获得巨额利润。骗子们正是利用了人们这一普遍的乐观情绪，为一些企业吸引来了投资。今天，像这种因欺诈引起的股市崩盘已经不多见了。

20世纪发生的股灾

"南海泡沫"和法国密西西比公司同时倒闭是历史上最惊人的股灾之一。在1929年10月29日，华尔街遭遇了毁灭性的股灾。然而，对世界股市而言最黑

2008年9月15日，世界各大媒体聚集在纽约雷曼兄弟公司门前，雷曼兄弟公司曾是世界第四大投资银行，但刚刚进入破产保护程序，因为该公司对次级抵押贷款不明智的投资造成了自身的破产。

暗的一天是1987年10月19日的"黑色星期一"。道琼斯工业平均指数在当天下跌了22.6%，超过1929年股灾时的22%单日跌幅。人们恐慌性的抛售进一步导致了全球股市下跌：伦敦市场下跌了10.6%，法兰克福下跌了9%，巴黎下跌了10.3%，中国香港下跌了11%。股灾发生在刚刚过去的5年"牛市"结束时，5年中的股价平均上涨了三倍。分析师后来将这次股灾的部分原因归咎于程序交易。程序化交易是指大型投资公司通过编程，让电脑根据特定市场趋势自动买进或卖出大量股票。因此，纽约证券交易所后来限制了某些形式的程序交易。

与1929年的股灾不同，1987年的股灾并没有使得经济开始出现衰退。道琼斯指数在短期内就实现了恢复，到1989年9月已经恢复了股灾前的所有价值，这其中部分的原因主要归功于美联储的干预。

暴跌！纽约证券交易所的一位交易员阅读了前一天的报告，这就是众所周知的黑色星期一。

微观经济因素包括了销售业绩、供应成本和劳动力供应等方面，可以对公司或个人起到直接影响。如果一家公司在其中一个领域出现问题，就不能产生足够的利润来满足投资者，从而导致投资者对该公司股票的需求变小，最终使得股价下跌。

宏观经济因素则是因为宏观经济指标在经济活动中占据了很大部分，所以会对公司起到影响。诸如失业、通货膨胀和消费者信心之类的事情都会对整个经济产生影响，进而影响到经济体中的每家公司。要在短期内预测单个股票价格几乎是不可能的，因为这些变量都是在相互作用的。

股市崩盘

股票市场的运作通常是基于感知价值，而非实际价值的，而且依赖于准确的预测和投资者的信心。一旦这些因素出问题，股价就会在崩盘中急剧下跌，其中一个最著名的事件就是，1929年由于实际市场表现与过度自信不相符，而导致的华尔街股灾。

通常，投资者会借钱购买股票，寄希望于股票的涨幅足以支付贷款利息，同时还能赚取利润。这就是所谓的保证金交易。在20世纪20年代的美国，人们都想在股价飙升的股票市场中分一杯羹，因此那时候保证金交易十分普遍，投资者甚至会借入高达股票价值90％的资金，用来作为保证金购买股票。

当市场下跌时，向投资者提供贷款的银行和经纪公司开始要求收回保证金。这也引发了另一轮抛售，并进一步压低了价格。1929年10月29日的黑色星期二，道琼斯指数下跌22％。值得一提的是，道琼斯指数后来花了近20年才恢复到股灾前的交易水平。股市的崩盘导致了美国证券交易委员会收紧了对纽约证券交易所公司的规定，

最早的股市

股票市场的起源可以追溯到17世纪的欧洲，即所谓的"探索时代"。那时候的商人开始寻找和开辟新的贸易路线，并且开始占领新的殖民地。为了分摊昂贵的成本和巨大的风险，他们慢慢开始联合了起来。于是由多人持有的股份公司开始形成。尽管这种合作的形式回报很高，但也伴随着极高的风险，稍有差错很有可能就会血本无归。

第一家股份公司于1553年在伦敦成立。它的目的是开辟通往远东的贸易路线，因为在那里可以找到丝绸和香料。虽然主要的合作项目均以失败告终，但是该公司与俄国建立起了联系，股东们也获得了分红。这家公司后来被命名为莫斯科公司（Muscovy Company），成为未来股份公司的典范。随着越来越多的公司成立，一个对公众和商人都开放的股票市场随即应运而生。经纪人身份也开始以个人的形式出现，他们通过将投资者介绍给股票持有人和商人来获得报酬。在1773年伦敦证券交易所成立之前，他们和客户一般都选择在伦敦的咖啡馆里会面。

世界上最古老的证券交易所是在荷兰的阿姆斯特丹建立起来的。它创建于17世纪早期，在1602年荷兰东印度公司成立之后。因为这家公司取得了从非洲南端的好望角到麦哲伦海峡的贸易垄断权，并在茶叶、香料和丝绸的贸易上获得了丰厚利润。所以也使其成为世界上第一家向公众发行股票的公司。

欧洲其他地区的股市则起源于早期的贸易。尽管在1820年发行的奥地利国家银行股票是第一批在法兰克福证券交易所交易的股票，但这个市场的起源甚至可以追溯到16世纪末在法兰克福举行的秋季交易会。当时的交易会上就已经可以进行汇票的交易了，而直到18世纪末，债券和证券才成为普遍的交易方式。

1665年，荷兰东印度公司在印度的中心办公室，这是第一家发行股票的公司。

并将保证金上限降低到50%。

大约在60年后，纽约证券交易所再次遭遇股灾。1987年10月19日黑色星期一，道琼斯指数下跌了20%以上。不过人们吸取了1929年股灾的教训，使得道琼斯指数很快就已经"收回了所有的失地"。

内幕交易

因为股票交易的潜在利润是非常高的，使得部分投资者甚至愿意为了从中获利而绕过既定的规则。比如有些人在知道一桩会提高公司股票价格的秘密后，会先提前大量购买该公司的股票。所谓的内幕交易之所以猖獗，是因为即使它是非法的，但却很难进行有关的取证。在制定与内幕交易有关的法律时，美国证券交易委员会故意引用了更为笼统的概念，这也为起诉相关的违规操作留了更多的空间。一般来说，个人从未向公众发布的信息中牟利都是违法的。

术语表

保护主义：一种经济学说，试图通过对进口商品征收关税来保护国内生产者。

比较优势：生产者（个人、企业或政府）在以较低的机会成本生产产品时所获得的优势。

财富：一个家庭、企业或国家的总资产减去总负债所得。

财政政策：政府为维持经济平衡而实施的政策，一般是改变商品或服务支出，或通过税收增加收入。

成本效益分析：对项目或政策进行评价，例如，将所有的社会和财政成本，与该项目或政策产生的社会和财政效益进行比较。

发展中国家：正在经历经济现代化过程的国家，这些国家通常通过发展工业和商业基础来增加国内生产总值。

繁荣与萧条：用于描述经济活动在增长与收缩之间剧烈波动的时期。

放任主义：法语意为"随它去吧"，最初在古典经济学中用来描述没有政府干预的经济。

福利国家：由政府提供福利的制度，为公民提供健康保障，并使其免于贫困。福利通常包括免费医疗、疾病或失业保险、养老金、残疾津贴、住房补贴和免费教育等。

供给：以特定价格出售的商品或服务的数量。

规模经济：当产出增加时，导致产品生产平均成本下降的因素。

国际收支：一个国家的国际贸易、借贷的记录。

国民生产总值（GNP）：国内生产总值加上国内居民从国外投资中获得的收入，减去外国人在国内市场上获得的收入。

国内生产总值（GDP）：某一特定经济体的最终产出总值。

黑市：经济中的非法活动市场，不受管制或无法征税，经常买卖高价、非法或稀有商品。

宏观经济学：研究对象是整体经济而不是个人或企业的具体选择的学科。

货币供应量：经济体中可以很容易地兑换成商品和服务的流动资产数量，通常包括纸币、硬币和支票及银行存款。

货币政策：试图通过改变货币供应和利率来调节通货膨胀和经济活动的政策。制定货币政策通常是中央银行的职责。

货币主义：一种经济学说，认为经济中的货币数量是社会总需求的主要决定因素。因此，政府试图通过刺激需求来增加产出只会导致通货膨胀。

机会成本：在做出经济选择时必须放弃的最佳选择。

计划经济：生产和分配由中央权力机构决定，如统治者或政府。

净出口额：一个国家财政状况的指标，由出口价值减去进口价值得出。

凯恩斯主义：以凯恩斯的理论为基础的经济理论，主张政府通过财政政策进行干预以稳定经济。

可持续发展：在经济发展过程中，利用可再生资源而不是有限资源，并尽量减少经济活动对环境造成的永久性破坏。

劳动力：为经济活动提供体力或脑力的合法劳动者。

利息：储蓄者或投资者在其存款或投资中赚取的金额，或借款者在其贷款中支付的金额。利息的数额由利率决定。

流动性：衡量一项资产转换成现金的容易程度。

垄断：市场中某一种商品或服务只有一个供给者，且无法找到类似的替代品。

企业家精神：能够感知市场中的机会，并将生产要素组合起来利用这些机会。

商品：产品，如咖啡、棉花、铜或橡胶。在经济学中，"商品"也用来描述生产过程中创造的产品或服务。

商业周期：经济活动中有周期性但不规律的波动，通常由国内生产总值来衡量，经济学家并不完全了解其涨落原因。

生产率：资本和劳动力等资源的投入与商品和服务的产出之间的比率。

生产要素：经济中的生产资源，通常定义为土地、劳动力、企业家精神和资本。

失业：一种生活状况，指成年劳动力没有工作，并正在找工作。

市场：促进商品、服务或生产要素的买卖的一项基础设施。在自由市场中，由此产生的价格由供求规律而不是外部约束来调节。

衰退：经济活动的严重收缩，以连续两个季度 GDP 下降为标志。

税收和关税：政府对经济活动征收的强制性费用。政府可以对多种财富或收入征税，对营业利润征税，或对驾驶等活动征收执照费。关税是对进口商品征收的税。

私营部门：经济中的一个组成部门，其经济活动由个人或公司决定，生产资料由个人或公司拥有。

通货紧缩：物价的普遍下跌。

通货膨胀：物价总水平呈现上升趋势。

土地：土地和所有自然资源，如石油、木材和鱼类等。

托拉斯：企业间形成的反竞争联盟，目的是迫使商品价格上涨，降低成本。1890 年的《谢尔曼法》宣布托拉斯在美国是非法的。

外部性：某一项经济活动对第三方造成了损失，而责任并没有由该经济活动的执行者来承担。

外汇兑换率：一国货币兑换另一国货币的比率。这个比率经常被用来衡量不同经济体的相对进出口优势和劣势。

微观经济学：研究对象是个体、家庭和企业，它们在市场上的选择，以及税收和政府监管对它们的影响。

消费品：经济产品或商品，购买后供家庭使用，而不是供工业使用。

消费者物价指数（CPI）：一种经济指标，以一系列商品和服务的价格为基础来计算家庭的平均支出。

萧条：商业周期的低谷，通常以高失业率、低产出、低投入和企业普遍破产为特征。

新殖民主义：一个国家与前殖民地之间的一种关系，在这种关系中，前殖民地的商业利益继续主导后者的经济。

需求：人们对特定商品或服务的需求，并且有一定的支付能力提供支持。

以物易物：一种贸易制度，用商品交换其他商品而不是货币。

债券：在未来某一特定日期支付一定数额金钱的法律义务。

账户：个人、公司或政府保存的收入、支出、资产和负债的记录。

中央银行：公共组织，或受政府影响，或是独立的，为监督和管理一个国家的货币和金融机构而设立。

重商主义：16世纪至18世纪在欧洲流行的一种经济政策，强调出口的重要性，以赚取黄金和白银储备，并使用高关税来阻止进口。

专业化：由个人、企业或政府决定只生产或提供一种或几种商品或服务。

资本：由家庭、公司或政府拥有的有形资产，如设备、房地产和机器。资本也指金融资本，或用于资助企业的资金。

资本主义：一种以私有制、企业和自由市场为基础的经济制度。自16世纪以来，资本主义一直是西方世界占主导地位的经济体系。

资产负债表：显示公司、个人或其他经济单位财务状况的资产和负债清单。

自由贸易：不受关税或配额等壁垒限制的国际贸易。

参考文献

Allen, L. *Encyclopedia of Money*. Santa Barbara, CA: ABC-Clio, 1999.

Ammer C., and Ammer, D. S. *Dictionary of Business and Economics*. New York: MacMillan Publishing Company, 1986.

Atrill, P. *Accounting and Finance for Non-Specialists*. Engelwood Cliffs, NJ: Prentice Hall, 1997.

Baker, J.C. *International Finance: Management, Markets, and Institutions*. Engelwood Cliffs, NJ: Prentice Hall, 1997.

Baites, B. *Europe and the Third World: From Colonisation to Decolonisation, 1500–1998*. New York: St. Martins Press, 1999.

Bannock, G., Davis, E., and Baxter, R.E. *The Economist Books Dictionary of Economics*. London: Profile Books, 1998.

Barilleaux, R.J. *American Government in Action: Principles, Process, Politics*. Englewood Cliffs, NJ: Prentice Hall, 1995.

Barr, N. *The Economics of the Welfare State*. Stanford, CA: Stanford University Press, 1999.

Barro, R.J. *Macroeconomics*. New York: John Wiley & Sons Inc, 1993.

Baumol, W.J., and Blinder, A.S. *Economics: Principles and Policy*. Forth Worth, TX: Dryden Press, 1998.

Begg, D., Fischer, S., and Dornbusch, R. *Economics*. London: McGraw-Hill, 1997.

Black, J.A. *Dictionary of Economics*. New York: Oxford University Press, 1997.

Blau, F.D., Ferber, M. A., and Winkler, A.E. *The Economics of Women, Men, and Work*. Engelwood Cliffs, NJ: Prentice Hall PTR, 1997.

Boyes, W. and Melvin, M. *Fundamentals of Economics*. Boston, MA: Houghton Mifflin Company, 1999.

Bradley, R.L., Jr. *Oil, Gas, and Government: The U.S. Experience*. Lanham, MD: Rowman and Littlefield, 1996.

Brewer, T.L., and Boyd, G. (ed.). *Globalizing America: the USA in World Integration*. Northampton, MA: Edward Elgar Publishing, 2000.

Brownlee, W.E. *Federal Taxation in America: A Short History*. New York: Cambridge University Press, 1996.

Buchholz, T.G. *From Here to Economy: A Short Cut to Economic Literacy*. New York: Plume, 1996.

Burkett, L., and Temple, T. *Money Matters for Teens Workbook: Age 15-18*. Moody Press, 1998.

Cameron, E. *Early Modern Europe: an Oxford History*. Oxford: Oxford University Press, 1999.

Chown, J.F. *A History of Money: from AD 800*. New York: Routledge, 1996.

Coleman, D. A. *Ecopolitics: Building a Green Society* by Daniel A. Coleman Piscataway, NJ: Rutgers University Press, 1994.

Cornes, R. *The Theory of Externalities, Public Goods, and Club Goods*. New York: Cambridge University Press, 1996.

Dalton, J. *How the Stock Market Works*. New York: Prentice Hall Press, 1993.

Daly, H.E. *Beyond Growth: the Economics of Sustainable Development.* Boston, MA: Beacon Press, 1997.

Dent, H.S., Jr. *The Roaring 2000s: Building the Wealth and Lifestyle you Desire in the Greatest Boom in History.* New York: Simon and Schuster, 1998.

Dicken, P. *Global Shift: Transforming the World Economy.* New York: The Guilford Press, 1998.

Economic Report of the President Transmitted to the Congress. Washington, D.C.: Government Publications Office, 1999.

Elliott, J. H. *The Old World and the New, 1492–1650.* Cambridge: Cambridge University Press, 1992.

Epping, R.C. *A Beginner's Guide to the World Economy.* New York: Vintage Books, 1995.

Ferrell, O.C., and Hirt, G. *Business: A Changing World.* Boston: McGraw Hill College Division, 1999.

Frankel, J. A. *Financial Markets and Monetary Policy.* Cambridge, MA: MIT Press, 1995.

Friedman, D.D. *Hidden Order: The Economics of Everyday Life.* New York: HarperCollins, 1997.

Friedman, M., and Friedman, R. *Free to Choose.* New York: Penguin, 1980.

Glink, I.R. *100 Questions You Should Ask About Your Personal Finances.* New York: Times Books, 1999.

Green, E. *Banking: an Illustrated History.* Oxford: Diane Publishing Co., 1999.

Greer, D.F. *Business, Government, and Society.* Engelwood Cliffs, NJ:

Prentice Hall, 1993.

Griffin, R.W., and Ebert, R.J. *Business*. Engelwood Cliffs, NJ: Prentice Hall, 1998.

Hawken, P., et al. *Natural Capitalism: Creating the Next Industrial Revolution*. Boston, MA: Little Brown and Co., 1999.

Hegar, K.W., Pride, W.M., Hughes, R.J., and Kapoor, J. *Business.* Boston: Houghton Mifflin College, 1999.

Heilbroner, R. *The Worldly Philosophers*. New York: Penguin Books, 1991.

Heilbroner, R., and Thurow, L.C. *Economics Explained: Everything You Need to Know About How the Economy Works and Where It's Going*. Touchstone Books, 1998.

Hill, S.D. (ed.). *Consumer Sourcebook*. Detroit, MI: The Gale Group, 1999.

Hirsch, C., Summers, L., and Woods, S.D. *Taxation : Paying for Government*. Austin, TX: Steck-Vaughn Company, 1993.

Houthakker, H.S. *The Economics of Financial Markets*. New York: Oxford University Press, 1996.

Kaufman, H. *Interest Rates, the Markets, and the New Financial World*. New York: Times Books, 1986.

Keynes, J.M. *The General Theory of Employment, Interest, and Money*. New York: Harcourt, Brace, 1936.

Killingsworth, M.R. *Labor Supply.* New York: Cambridge University Press, 1983.

Kosters, M.H. (ed.). *The Effects of Minimum Wage on Employment.* Washington, D.C.: AEI Press, 1996.

Krugman, P.R., and Obstfeld, M. *International Economics: Theory and Policy*.Reading, MA: Addison-Wesley Publishing, 2000.

Landsburg, S.E. *The Armchair Economist: Economics and Everyday Life.* New York: Free Press (Simon and Schuster), 1995.

Lipsey, R.G., Ragan, C.T.S., and Courant, P.N. *Economics.* Reading, MA: Addison Wesley, 1997.

Levine, N. (ed.). *The U.S. and the EU: Economic Relations in a World of Transition.* Lanham, MD: University Press of America, 1996.

MacGregor Burns, J. (ed.). *Government by the People.* Engelwood Cliffs, NJ: Prentice Hall, 1997.

Morris, K.M, and Siegel, A.M. *The Wall Street Journal Guide to Understanding Personal Finance.* New York: Lightbulb Press Inc, 1997

Naylor, W. Patrick. *10 Steps to Financial Success: a Beginner's Guide to Saving and Investing.* New York: John Wiley & Sons, 1997.

Nelson, B.F., and Stubb, C.G. (ed.) *The European Union : Readings on the Theory and Practice of European Integration.* Boulder, CO: Lynne Rienner Publishers, 1998.

Nicholson, W. *Microeconomic Theory: Basic Principles and Extensions.* Forth Worth, TX: Dryden Press, 1998.

Nordlinger, E. A. *Isolationism Reconfigured: American Foreign Policy for a New Century.* Princeton, NJ: Princeton University Press, 1996.

Painter, D.S. *The Cold War.* New York: Routledge, 1999.

Parkin, M. *Economics.* Reading, MA: Addison-Wesley, 1990.

Parrillo, D.F. *The NASDAQ Handbook.* New York: Probus Publishing, 1992.

Porter, M.E. *On Competition.* Cambridge, MA: Harvard Business School

Press, 1998.

Pounds, N.J.G. *An Economic History of Medieval Europe.* Reading, MA: Addison-Wesley, 1994.

Pugh, P., and Garrett, C. *Keynes for Beginners.* Cambridege, U.K.: Icon Books, 1993.

Rima, I.H. *Labor Markets in a Global Economy: An Introduction.* Armonk, NY: M.E. Sharpe, 1996.

Rius *Introducing Marx.* Cambridge, U.K.: Icon Books, 1999.

Rosenberg. J.M. *Dictionary of International Trade.* New York: John Wiley & Sons, 1993.

Rye, D.E. *1,001 Ways to Save, Grow, and Invest Your Money.* Franklin Lakes, NJ: Career Press Inc, 1999.

Rymes, T.K. *The Rise and Fall of Monetarism: The Re-emergence of a Keynesian Monetary Theory and Policy.* Northampton, MA: Edward Elgar Publishing, 1999.

Sachs, J.A., and Larrain, F.B. *Macroeconomics in the Global Economy.* Englewood Cliffs, NJ: Prentice Hall, 1993.

Shapiro, C., and Varian, H.R. *Information Rules: A Strategic Guide to the Network Economy.* Cambridge, MA: Harvard Business School, 1998.

Smith, A. An *Inquiry into the Nature and Causes of the Wealth of Nations,* Edwin Cannan (ed.). Chicago: University of Chicago Press, 1976.

Spulber, N. *The American Economy: the Struggle for Supremacy in the 21st Century.* New York: Cambridge University Press, 1995.

Stubbs, R., and Underhill, G. *Political Economy and the Changing Global Order.* New York: St. Martins Press, 1994.

Teece, D.J. *Economic Performance and the Theory of the Firm.*

Northampton, MA: Edward Elgar Publishing, 1998.

Thurow, L.C. *The Future of Capitalism: How Today's Economic Forces Shape Tomorrow's World.* New York: Penguin, USA, 1997.

Tracy, J.A. *Accounting for Dummies.* Foster City, CA: IDG Books Worldwide, 1997.

Tufte, E. R. *Political Control of the Economy.* Princeton, NJ: Princeton University Press, 1978.

Varian, H.R. *Microeconomic Analysis.* New York: W. W. Norton and Company, 1992.

Veblen, T. *The Theory of the Leisure Class (Great Minds Series).* Amherst, NY: Prometheus Books, 1998.

Wallis, J., and Dollery, B. *Market Failure, Government Failure, Leadership and Public Policy.* New York: St. Martin's Press, 1999.

Weaver, C.L. *The Crisis in Social Security: Economic and Political Origins.* Durham, NC: Duke University Press, 1992.

Werner, W., and Smith, S.T. *Wall Street.* New York: Columbia University Press, 1991.

Weygandt, J.J., and Kieso, D.E. (ed.). *Accounting Principles.* New York: John Wiley & Sons Inc, 1996.

Williams, J. (ed.). *Money. A History.* London: British Museum Press, 1997.